Main

Postres

Cocina mejor día a día
Postres

© de esta edición: 2012, RBA Libros, S.A.
Diagonal 189, 08018 Barcelona
www.rbalibros.com / rba-libros@rba.es

Primera edición: mayo de 2012

Producción editorial: Bonalletra Alcompas, S.L.
Diseño y maquetación: Júlia Font i Cèl·lula
para Bonalletra Alcompas, S.L.
Fotografías: Becky Lawton (imagen central
de la portada y todas las recetas);
Dreamstime (ingredientes y accesorios)
Recetas: Iker Erauzkin
Ilustraciones: Mercè Iglesias

Ref.: RPRA027
ISBN: 978-84-929-8161-8
Depósito legal: B-12743-2012
Impreso por T. G. Soler

Cocina mejor día a día

Postres

Las mejores recetas para triunfar
en cualquier ocasión

RBA

Sumario

La revolución
de los postres

Pocos campos de la cocina han vivido una revolución tan evidente como los dulces y postres. Aunque las recetas tradicionales siguen teniendo su lugar en nuestra mesa, las tendencias actuales apuestan por nuevas texturas, sabores sofisticados y combinaciones sorprendentes. Helados, salsas, suflés y combinados se han hecho un hueco en el recetario dulce de muchas casas. Y lo han logrado porque, aunque el resultado final sea espectacular, los procesos resultan sumamente sencillos.

En este libro te presentamos un gran abanico de recetas dulces. Desde básicos como los bizcochos de huevo o vainilla hasta sofisticados *petits fours* para servir al final de una comida, como bienvenida o como tentempié a media tarde. Además de secciones dedicadas a los postres con frutas y al chocolate, un clásico que sigue teniendo fieles aliados.

Las recetas están organizadas en tres niveles. En el primer paso te proponemos recetas básicas, ya sea por la elaboración o porque se emplean ingredientes sencillos. En un segundo nivel es posible conseguir platos de presentación o elaboración más sofisticadas. Finalmente, el tercer nivel es una propuesta semiprofesional, pero adaptada a todos los públicos. En definitiva, tres simples pasos para pasar de lo básico a lo excepcional. Además, los interesantes consejos que completan cada receta te ayudarán a pensar en variedades de la misma o a simplificar o modificar los procesos culinarios.

Déjate seducir por nuestra selección de recetas dulces y adáptalas a tus gustos personales, con más o menos azúcar, o con las frutas de tu elección. ■

☛ Todas las recetas son para 4 personas.

Pos

tres

Con fruta

Manzanas, naranjas, piña, frutos rojos… Las frutas aportan nutrientes y color a nuestros postres dulces. Acompáñame y te mostraré algunos trucos para prepararlos.

Empezaremos con la manzana, una fruta muy versátil. Te recomiendo que optes por las variedades golden o reineta, pues son las más adecuadas para lo que vamos a preparar.

En este capítulo voy a enseñarte a preparar desde un básico como las manzanas al horno...

... hasta un clásico que nunca falla: el strudel de manzana.

Más adelante te propongo trabajar con cítricos, ricos en vitamina C y con un particular sabor ácido.

No te pierdas la receta del sorbete de limón con un toque de cava, perfecta para las tardes de verano.

Finalmente, te propongo que utilices licores para aromatizar la fruta. Los puedes usar elaborando un caramelo con azúcar al fuego...

... o bien como un ingrediente más en las cremas, como en la sofisticada receta de tempura de frutas con crema de licor de avellanas. ¡Que aproveche!

Con manzana

El ingrediente

Probablemente originaria de la antigua
Persia, y con más de veinte mil variedades reconocidas, la manzana es
una de las frutas más consumidas
en el mundo, con una producción
que supera los 50 millones de
toneladas anuales. Tiernas,
crujientes, harinosas, ácidas, dulces,
o ligeramente amargas... prácrica-
mente existe una variedad para cada
momento, para cada paladar, para cada
receta. La manzana es una fruta rica en
vitaminas del grupo A, B y C, así como en
minerales como el potasio.

La técnica

Ademas de consumirlas crudas, las manzanas admiten múltiples
cocciones: al horno, salteadas, fritas, caramelizadas, en salsa,
en zumos o en compota, como parte de un relleno o incluso en
helado. En todo caso, lo primordial es seleccionar la variedad
de manzana adecuada a cada preparación en función de sus
propiedades, textura y sabor.
Así, utilizaremos la variedad
reineta para asar al horno y
elaborar compotas, la variedad
golden como manzana de
mesa o como un ingrediente
en farsas y rellenos. Por su
parte, la variedad granny
smith, muy ácida, es
perfecta para cocinar,
saltear, etc.

Plato a plato

Nivel **1**

**Manzanas al
horno.** El paso
a paso para la
cocción más
sencilla de la
manzana. Pon más
o menos azúcar
en función de tus
preferencias.

Nivel **2** *Strudel* de
manzana. Atrévete con
estos deliciosos "canelones
dulces", rellenos con
manzana troceada y asada
al horno.

Nivel **3** *Crumble* de
**manzana, canela, haba
tonca y flores cristalizadas.**
Una manzana asada muy
bien acompañada. Disfruta
de la costra crujiente recién
hecha.

Nivel **1** Manzanas al horno

- 4 manzanas golden o reineta
- 200 g de azúcar
- 2 ramas de canela
- ½ limón

🍲 20 min
🍽 5 min
💰 1 €/persona
✋ Sin contraindicaciones.

■ Retira las semillas del corazón de las manzanas con la ayuda de un descorazonador. Deberás eliminar el centro de cada pieza.

■ Dispón las manzanas en una bandeja de horno e introduce en las cavidades ½ rama de canela y 50 g de azúcar por fruta. Agrega unas gotas de zumo de limón sobre el azúcar para aromatizar las manzanas.

■ Introduce en el horno, a 180 °C, durante aproximadamente 20 minutos, hasta que las manzanas se asen por completo.

■ Transcurrido este tiempo, ya están listas para servir. Puedes acompañarlas con un chorrito de miel, nata montada o incluso helado.

Trucos

☞ Si lo deseas puedes rallar un poco de piel de limón sobre las manzanas antes de cocerlas, así les darás aún más aroma.

☞ Si quieres asegurarte de que la manzana no se rompe una vez asada, baja la temperatura del horno a 160 °C y prolonga la cocción otros 15 minutos.

☞ Deja enfriar ligeramente las manzanas antes de servirlas.

☞ Si utilizas la variedad reineta puedes reciclar las sobras triturando la pulpa de la manzana asada con un trocito de canela, así obtendrás una compota.

2 *Strudel* de manzana

- **4 manzanas golden**
- **100 g de azúcar**
- **50 g de ciruelas pasas**
- **4 hojas de pasta filo**
- **½ limón**
- **1 cucharadita de canela en polvo**
- **1 cucharadita de sésamo**
- **Mantequilla**

🝰 20 min
🝰 10 min
🝰 1 €/persona
🖐 Esta receta no es apta para personas con intolerancia a la lactosa.

- Pela las manzanas y corta la pulpa en cuadraditos de 1 x 1 cm aproximadamente.
- Reserva.
- Estira las hojas de pasta filo sobre una mesa de trabajo y dispón en un extremo una buena cucharada de manzana, una pizca de sésamo, otra de canela, unas tiras de ciruela cortada en juliana, una cucharada de azúcar y unas gotas de zumo de limón.
- Derrite la mantequilla.
- Cierra las hojas de pasta formando canelones y píntalos con la mantequilla.
- Introduce los *strudel* en el horno a 180 °C durante 20 minutos, hasta que la manzana se ase ligeramente y la pasta filo quede dorada y crujiente. Deja enfriar un poco antes de servir.

Trucos

☞ Puedes agregar frutos secos como avellanas, piñones, almendras, pistachos... Añádelos a la manzana antes de cerrar la pasta filo y formar los canelones.

☞ Sustituye las ciruelas por uvas pasas u orejones de melocotón o albaricoque, a tu gusto.

☞ Puedes añadir semillas de amapola o enriquecer el pastelito con otras frutas.

☞ Prueba a acompañarlo con helado de canela.

Nivel **3** *Crumble* de manzana, canela, haba tonca y flores cristalizadas

- 2 manzanas golden
- 125 g de almendras molidas
- 100 g de azúcar
- 100 g de harina
- 100 g de mantequilla
- 2 ramas de vainilla
- 1 cucharada de canela en polvo
- 1 cucharada de semillas de sésamo
- ½ haba tonca
- Flores cristalizadas (de venta en tiendas especializadas)
- Helado de canela o vainilla

- 🍲 30 min
- 🍽 10 min
- 💰 1 €/persona
- ✋ Esta receta no es apta para personas alérgicas a los frutos secos ni con intolerancia a la lactosa.

- Pela las manzanas y córtalas en cuadraditos de 1 x 1 cm, aproximadamente.
- Dispón la manzana en una bandeja de horno y espolvorea la canela y el sésamo por encima. Reserva.
- Mezcla la harina con la almendra molida, la pulpa de la vainilla, media haba tonca rallada, el azúcar y la mantequilla cortada en cuadraditos. Mezcla con las manos hasta deshacer la mantequilla y obtener una mezcla con una textura similar a la arena.
- Cubre la manzana con esta mezcla e introduce en el horno a 180 °C, durante 30 minutos, hasta que se forme una costra crujiente.
- Retira entonces del horno y deja enfriar ligeramente. Sirve acompañado de las flores cristalizadas y una bola de helado.

Trucos

👉 Para cristalizar las flores en casa, hidrata una hoja de gelatina y mézclala con dos cucharadas de agua tibia y una clara de huevo. Luego, pinta delicadamente unas flores comestibles con esta mezcla y rebózalas con azúcar. Seca al horno a la mínima temperatura con la puerta abierta y durante el tiempo necesario hasta que las flores se sequen y cristalicen.

Con licor

El ingrediente

En repostería es habitual aromatizar bizcochos, frutas o cremas con vinos o licores de todo tipo. Para ello se utilizan desde vinos aromáticos o licores de frutas hasta alcoholes más contundentes, como el brandy, el coñac o el ron. Estas bebidas aromatizan las piezas de repostería potenciando su sabor y enriqueciéndolas, lo que otorga un carácter exclusivo a nuestras preparaciones. Algunos dulces que destacan por la presencia de este elemento son las crepes *suzette*, el tiramisú o el borracho al ron.

La técnica

Las posibilidades para trabajar los licores en repostería son múltiples: podemos bañar directamente las piezas dulces en ellos, elaborar un almíbar con azúcar, preparar helados, gelatinas, sopas dulces... Ten en cuenta que el alcohol disminuye sensiblemente cuando por ejemplo calentamos el licor con azúcar a fuego lento para luego flambearlo. Con ello preservamos el sabor del licor conservando todo su aroma. Por otra parte, el alcohol es un ingrediente muy beneficioso cuando elaboramos helados, pues su acción anticongelante nos permite obtener texturas más cremosas y asegurarnos de que éstas no cristalicen.

Plato a plato

Nivel **1** **Piña y su granizado al ron.** Una refrescante propuesta con un toque especial. Perfecta para un postre ligero o una bienvenida veraniega.

Nivel **2** **Crepes *suzette* con caramelo hilado.** Una deliciosa propuesta con aroma de naranja que puedes rellenar a tu gusto.

Nivel **3** ***Tempura* de frutas con crema al licor de avellanas.** Atrévete a rebozar fruta fresca en *tempura* y sírvela con una deliciosa crema aromatizada.

Nivel **1** Piña y su granizado al ron

- 1 piña
- 125 g de azúcar
- 500 ml de ron blanco
- 1 rama de vainilla

- 10 min
- 5 min
- 3 €/persona
- Sin contraindicaciones.

■ En un cazo, cocina a fuego lento el ron con el azúcar y la vainilla. Prende el alcohol hasta que la llama se apague por sí sola, deja enfriar y reserva.

■ Pela la piña y córtala en dos mitades. Trocea una parte en cuadraditos de 1 x 1 cm y prepara un zumo triturando y colando la otra mitad.

■ Mezcla el zumo de la piña con el ron quemado y congela en una bandeja alargada durante un par de horas.

■ Reparte los trocitos de piña en platos de presentación o en copas. Dispón encima un poco de granizado y sirve.

Trucos

☞ Para emplatar el granizado que has sacado del congelador frótalo con un tenedor o una cuchara.

☞ Los licores son ideales para elaborar granizados por su efecto anticongelante, pero si prefieres prescindir del alcohol deberás agregar al zumo dos hojas de gelatina previamente hidratadas. Así conservarás la textura elástica al congelar y no se formará un bloque, lo que te permitirá obtener los granizados.

Nivel **2** Crepes *suzette* con caramelo hilado

- 3 huevos
- 2 naranjas
- 250 g de harina tamizada
- 250 g de azúcar
- 100 ml de Grand Marnier (u otro licor de naranja)
- ½ l de leche
- ½ limón
- Mantequilla

🍲 10 min
🍽 10 min
💰 3 €/persona
✋ Esta receta no es apta para personas con intolerancia a la lactosa.

■ Prepara la masa de las crepes: con la batidora tritura la harina con la leche, los huevos y una pizca de azúcar. Deberás obtener una crema ligera, lisa y homogénea, con la textura de una papilla líquida. Deja reposar la mezcla durante media hora en la nevera.

■ Cuece el licor con el zumo de las naranjas y 50 g de azúcar. Deja cocer 10 minutos a fuego lento, eliminando la espuma que pudiera aparecer en la superficie. Reserva.

■ Para obtener el caramelo hilado, derrite el resto del azúcar a fuego lento junto al zumo del limón, hasta obtener un caramelo bien dorado. Deja enfriar ligeramente y, con un tenedor, levanta el caramelo y deja que caiga formando hilos sobre una bandeja. El caramelo deberá estar a la temperatura adecuada, casi frío, para que solidifique en el aire y forme los hilos.

■ Prepara las crepes: primeramente, friega la sartén con un papel untado en mantequilla. Luego agrega una cucharada de masa y deja cocer a fuego lento durante un minuto. Dale la vuelta y deja cocer 30 segundos más. Retira del fuego y reserva.

■ Sirve las crepes junto con la salsa de naranja y el caramelo hilado.

Trucos
👉 Si la mezcla de harina, leche y huevo te queda muy espesa, agrega más leche para rebajar la densidad.
👉 Puedes hilar el caramelo directamente sobre el postre.

Nivel **2** Crepes
suzette con caramelo
hilado

→ ☛ Si lo deseas, rellena las
crepes con fruta, helado o una
crema de naranja.
☛ Otras opciones para el relleno
son la confitura o el chocolate
fundido.
☛ Si quieres dar un toque
especial a la presentación deja
descongelar una cucharada de
helado de vainilla y sírvelo como
una salsa.

Nivel **3** *Tempura* de frutas con crema al licor de avellanas

- 1 pera
- 1 manzana
- 1 mango
- 200 g de fresones
- 100 g de moras
- 150 g de harina de *tempura*
- 500 ml de leche
- 200 ml de agua con gas
- 100 ml de licor de avellanas
- 100 g de azúcar
- 8 yemas de huevo
- ½ rama de canela
- Aceite de oliva

- 10 min
- 15 min
- 2 €/persona
- Esta receta no es apta para personas con intolerancia a la lactosa.

- Cuece la leche junto con la canela en un cazo a fuego lento.
- Cuando la leche haya hervido, retírala del fuego y mézclala con las yemas de huevo y el azúcar.
- Vuelve a llevar al fuego, esta vez evitando que la leche hierva y sin dejar de batir con unas varillas de cocina. Cuando espese agrega el licor de avellanas y reserva. Deja enfriar.
- Congela el agua con gas durante media hora, hasta que cristalice.
- Una vez cristalizada, mezcla con la harina de *tempura* hasta obtener una salsa espesa, lisa y homogénea.
- Pela la pera, la manzana y el mango y córtalos en bastoncillos.
- Baña las frutas en la mezcla de *tempura* y fríelas en abundante aceite de oliva bien caliente, durante un minuto. Retira del fuego sobre papel de cocina absorbente.
- Sirve la fruta crujiente acompañada de la crema de avellanas.

Trucos
☞ Si no tienes harina de *tempura* puedes utilizar harina de maíz o mezclar cerveza con harina de trigo hasta obtener una crema con la que rebozar la fruta.

Con cítricos

El ingrediente

En el grupo de los cítricos encontramos naranjas, limones, mandarinas, limas, pomelos y sus innumerables variedades. Más ácidos o más dulces, estos frutos nos ofrecen una amplia gama de matices gustativos, todos ellos con el característico tinte ácido propio de los cítricos. La vitamina C presente en este grupo de alimentos es un nutriente esencial para el ser humano, imprescindible para la fabricación de colágeno, el "cemento" intercelular. La vitamina C es también un excelente antioxidante que atenúa el deterioro del organismo, protege del envejecimiento cutáneo y ejerce una importante labor en la prevención de enfermedades cardiovasculares.

La técnica

Los cítricos suelen emplearse para aromatizar las cremas, como la crema inglesa, pastelera o catalana, y también para proteger ciertas frutas de la oxidación o elaborar salsas. En verano podemos preparar cremas de naranja o limón y rellenar dichas frutas con la crema obtenida para congelar posteriormente y obtener así un helado delicioso y muy refrescante.

Plato a plato

Nivel 1 Sorbete de limón al cava. Elige el cava que más te guste y elabora un sencillo sorbete, al que puedes dar color con los Trucos que te propongo.

Nivel 2 Terrina de cítricos como un áspic con helado de lima. Una propuesta indicada para los más entusiastas de los cítricos. Combínalos a tu gusto y sírvelo bien frío.

Nivel 3 Textura de naranja con su helado. Una sofisticada propuesta con un toque muy refrescante.

Nivel **1** Sorbete de limón al cava

- **500 ml de helado de limón**
- **1 botella de cava**

- 0 min
- 5 min
- 3 €/persona
- Esta receta no es apta para personas con intolerancia a la lactosa.

- Con la batidora tritura el helado de limón con el cava hasta obtener el sorbete. Conserva en el congelador hasta el momento de servirlo.
- En el instante de servir puedes triturar un poco más el sorbete para que tenga una textura más suave y líquida.

Trucos

👉 Elabora un original sorbete de color rosado agregando una bandeja de frambuesas al triturado. Éstas modificarán el sabor y el color del sorbete sin eliminar su característica acidez.

👉 Puedes emplear cava rosado para elaborar el sorbete.

👉 Utiliza helado de lima en lugar del de limón, así obtendrás un resultado más fresco y de sabor más suave.

Nivel **2** Terrina de cítricos como un áspic con helado de lima

- 500 ml de helado de lima
- 500 ml de agua
- 50 ml de ron
- 2 limas
- 2 limones
- 2 naranjas
- 1 naranja sanguina
- 1 pomelo
- 1 rama de menta
- 4 hojas de gelatina
- 200 g de azúcar

- 5 min
- 10 min
- 3 €/persona
- Esta receta no es apta para personas con intolerancia a la lactosa.

- En un cazo, prepara a fuego lento un almíbar con el agua y el azúcar. Deja cocer durante 3-4 minutos y agrega el ron. Mezcla bien y retira del fuego.
- Hidrata las hojas de gelatina y agrégalas al almíbar, aún tibio. Reserva.
- Pela la fruta y desgaja los cítricos.
- Dispón la fruta en un molde de pudin o en flaneras individuales. Vierte el almíbar y reserva en la nevera durante un par de horas, hasta que la gelatina solidifique.
- Retira el áspic del molde y sirve acompañado de unas hojas de menta y una bola de helado de lima.

Trucos

☞ Puedes agregar las hojas de menta al interior del áspic: añádelas a la fruta antes de verter el líquido con gelatina.

☞ Prescinde del ron si no quieres utilizar licor en esta preparación.

☞ Añade la pulpa de una vaina de vainilla al almíbar para aromatizar el áspic.

Nivel **3** Textura de naranja con su helado

- Helado de naranja
- Confitura de naranja amarga

PARA LA GELATINA
- 4 hojas de gelatina
- 500 ml de zumo de naranja
- 1 cucharada de agua de azahar

- PARA LA ESPUMA
- 500 ml de leche
- 8 yemas de huevo
- 100 g de azúcar
- 30 g de maicena
- 200 ml de zumo de naranja
- 2 naranjas

PARA EL POLVO DE NARANJA
- 4 naranjas

- 20 min
- 20 min
- 3 €/persona
- Esta receta no es apta para personas con intolerancia a la lactosa.

- Para preparar la gelatina calienta el zumo de naranja en un cazo a fuego lento.
- Hidrata la gelatina en agua fría.
- Elimina la espuma que se forme en el zumo y añade la gelatina.
- Mezcla bien y cuela para eliminar los restos de pulpa de naranja y añade el agua de azahar. Deja reposar un par de horas en la nevera, hasta que la gelatina actúe y el zumo solidifique.
- Para preparar la espuma pon a hervir la leche a fuego lento.
- Con cuidado, viértela en un recipiente con las yemas de huevo, la maicena y el azúcar. Mezcla y devuelve al fuego, esta vez sin dejar de remover y evitando que entre en ebullición.
- Cuando la crema haya espesado agrega el zumo de naranja y la piel recién rallada de las naranjas, mezcla bien y deja enfriar.
- Introduce en un sifón con dos cargas de gas y reserva en la nevera.
- Finalmente, prepara el polvo de naranja pelando la fruta con cuidado para obtener la piel.
- Disponla en el horno a mínima temperatura, hasta que queden bien seca y crujiente.
- Luego tritura hasta obtener un polvo de naranja y reserva.
- En un plato de presentación sirve la confitura de naranja. Dispón la gelatina cortada en cubos encima, una pizca de polvo de naranja y la espuma. Acompaña con helado de naranja.

Trucos
☞ Si no tienes sifón sirve la crema de naranja directamente.

☞ Puedes decorar con gajos de naranja frescos o *kumquat*.

Con crema
y helado

En este capítulo vamos a elaborar deliciosos postres de cuchara con crema y helado.

Para empezar, te enseñaré a preparar la crema inglesa. Basta con aromatizar leche con vainilla y naranja y luego añadir huevo y azúcar.

En el nivel 2 elaboraremos una deliciosa coca con crema pastelera. La diferencia con la crema inglesa es que la primera lleva harina de maíz.

También te propongo que te atrevas con la crema catalana, deliciosa si la "quemas" justo antes de servir.

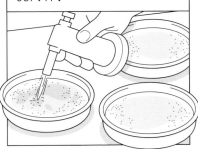

El helado es también un gran aliado de los postres. Puedes utilizarlo como acompañante, como en la receta de las crestas de manzana con helado de canela...

... o convertirlo en el único protagonista, como en el parfait *helado de Baileys*.

Incluso te propongo que experimentes con él: prueba a freírlo, como te sugiero en la receta de helado frito de canela.

Sírvelo al instante acompañado de una sencilla crema de nueces y canela, y dejarás a tus comensales boquiabiertos.

Con leche

El ingrediente

En la actualidad se comercializa leche de cabra, oveja e incluso de camella o de yak, pero sin duda, la más utilizada en repostería es la leche de vaca, que podemos considerar uno de los ingredientes fundamentales, junto a los huevos y el azúcar, para la elaboración de los dulces. Su presencia es fundamental, y también se encuentra en otros postres ya elaborados, como quesos, cremas, yogures, mantequilla e infinidad de derivados.

La técnica

Para la elaboración de cremas de repostería es necesario hervir la leche para disolver en ella yemas de huevo. Es muy importante controlar la cocción de la leche, pues cuando el huevo ya está incorporado debemos evitar que esta hierva de nuevo: si lo hiciera, el huevo cuajaría y la leche se cortaría. La leche se edulcora y se aromatiza con azúcar, miel y pieles de cítricos como naranja, lima o limón. También es común emplear canela o vainilla para aromatizarla.

Plato a plato

Nivel **1** **Crema inglesa.** Para empezar, prueba a hacer una crema pastelera de textura suave y sabor ligeramente aromatizado con naranja y vainilla.

Nivel **2** **Coca hojaldrada con crema pastelera a la naranja.** Todos los secretos para cocinar en casa un clásico de las confiterías.

Nivel **3** **Trufa de chocolate blanco y frambuesa con crema de cerezas y lavanda.** Una receta un poco más laboriosa, pero con resultados de alta cocina. Enriquece las trufas con tu fruta roja favorita.

Nivel **1** Crema inglesa

- 500 ml de leche
- 125 g de azúcar
- 8 yemas de huevo
- 1 naranja
- 1 rama de vainilla

🍲 10 min

🍮 5 min

☕ 1 €/persona

✋ Esta receta no es apta para personas con intolerancia a la lactosa.

■ Cuece la leche junto a la vainilla abierta y la piel de la naranja. Deja que aromatice a fuego lento hasta que arranque a hervir.

■ Mezcla mientras tanto las yemas de huevo con el azúcar y, cuando la leche haya hervido, añádelas al cazo, fuera del fuego, cuidadosamente y sin dejar de batir con unas varillas de cocina.

■ Lleva nuevamente la leche a fuego lento sin dejar de remover con las varillas y evitando que la leche hierva.

■ Cuando veas que la crema espesa considerablemente retira del fuego, cuela para eliminar la vainilla y las pieles de naranja y deja enfriar a temperatura ambiente. Cuando se haya enfriado, deposítala en la nevera hasta su consumo.

Trucos

☞ Cubre la crema pastelera con un papel de cocina transparente pegado a la superficie, para que no se forme una costra seca sobre la crema durante el enfriado.

Nivel **2** Coca hojaldrada con crema pastelera a la naranja

- 500 ml de leche
- 8 yemas de huevo
- 225 g de azúcar
- 50 g de harina de maíz
- 2 naranjas
- 1 rama de vainilla
- 1 placa de hojaldre

🍲 15 min

🥘 5 min

🍴 2 €/persona

✋ Esta receta no es apta para personas con intolerancia a la lactosa.

- Cuece la leche junto a la vainilla abierta. Deja que aromatice a fuego lento hasta que arranque a hervir.
- Mientras, mezcla las yemas de huevo con 125 g de azúcar y la harina y, cuando la leche haya hervido, añádelas al cazo, fuera del fuego, cuidadosamente y sin dejar de batir con unas varillas de cocina. Disuelve bien en la leche.
- Lleva nuevamente la leche a fuego lento sin dejar de remover con las varillas y evitando que la leche hierva.
- Cuando veas que la crema espesa considerablemente retira del fuego, cuela para eliminar la vainilla
- Añade la piel de las naranjas recién ralladas sobre la crema y deja enfriar.
- Corta rectángulos de hojaldre y espolvoréalos con el resto del azúcar.
- Disponlos en una bandeja de horno y tápalos con otra bandeja para que no crezca en exceso. Hornéalo a 180 °C durante 12-15 minutos, hasta que el hojaldre caramelice y quede bien dorado y crujiente. Deja enfriar.
- Con la ayuda de una manga pastelera sirve la crema sobre el hojaldre y gratina con un soplete de cocina.

Trucos

👉 Agrega una cucharadita de azúcar a la superficie de la crema para obtener un gratinado más intenso y con una costra crujiente, de caramelo.

👉 Puedes acompañar el hojaldre con los gajos de naranja.

👉 Agrega también un chorrito de licor de naranja a la crema para aromatizarla.

Nivel **3** Trufa de chocolate blanco y frambuesa con crema de cerezas y lavanda

- 500 g de cerezas
- 250 g de chocolate blanco
- 100 g de azúcar
- 50 g de mantequilla
- 100 ml de nata líquida
- 4 ramas de lavanda
- Frambuesas frescas
- Azúcar glas o de lustre

🍲 10 min
🥘 10 min
🍽 3 €/persona
✋ Esta receta no es apta para personas con intolerancia a la lactosa.

■ Derrite el chocolate junto a la mantequilla en un cazo al baño María. Mezcla bien con unas varillas de cocina hasta obtener una crema espesa, lisa y homogénea.

■ Agrega la nata sin dejar de batir, manteniendo la crema espesa.

■ Reserva un poco de crema de chocolate y reparte el resto en una cubitera de hielos de silicona. Deja enfriar en la nevera durante 5 minutos.

■ Pasado ese tiempo dispón las frambuesas en la crema y termina de cubrir con el chocolate restante. Enfría nuevamente.

■ Saca el chocolate del molde y dale forma de trufa con las manos.

■ Reboza en azúcar glas o de lustre y reserva en la nevera hasta el momento de servir.

■ Para preparar la salsa de cerezas y lavanda, trocea ligeramente las cerezas y lleva al fuego junto con la vainilla, las hojas de lavanda y el azúcar.

■ Deja cocer a fuego lento, hasta que las cerezas desprendan su jugo; cuela y deja enfriar.

■ Sirve las trufas junto a la salsa bien fría.

Trucos

☞ Si lo prefieres puedes agregar un chorrito de nata líquida a la salsa de cerezas, para darle una textura más cremosa.

☞ Cambia las frambuesas por arándanos, moras o fresitas. Incluso puedes rellenar las trufas con un puré de frutas o *coulis* si manipulas la trufa con delicadeza. También puedes rebozarlas con coco rallado.

Con azúcar

El ingrediente

El azúcar está compuesto en un 99% por sacarosa, un carbohidrato necesario para generar energía así como para el buen rendimiento físico e intelectual. Este alimento es un disacárido (es decir, está compuesto por dos unidades estructurales) formado por una molécula de glucosa y otra de fructosa, y su aporte calórico es de 4 calorías por gramo. Para que el organismo funcione en condiciones óptimas la cantidad de glucosa en sangre debe estar en equilibrio con la cantidad de oxígeno sanguíneo.

Un exceso de carbohidratos en el organismo provoca que éstos se conviertan en grasa, por lo que debemos moderar su consumo.

La técnica

Existen distintos tipos de azúcar: moreno, blanco, moscovado, de lustre, invertido, de caña, etc. Sus variedades se regulan por una mayor o menor acción edulcorante, así la glucosa o la galactosa es menos dulce que el azúcar blanco, al contrario que la fructosa, que aporta más dulzor a las preparaciones.

Plato a plato

Nivel **1** **Crema catalana.** Un postre tradicional con el toque crujiente del azúcar quemado. Perfecto para cualquier época del año.

Nivel **2** **Galleta crujiente de naranja con crema de naranja.** Una original lasaña dulce con aroma a cítrico. Si te sobran galletas, guárdalas para la hora del café.

Nivel **3** **Falsa cuajada de azahar con *muesli* y frutos rojos.** Un postre de cuchara con todo el color del bosque. Un toque sofisticado para el punto y final de una comida especial.

Nivel **1** Crema catalana

- ■ ½ l de leche
- ■ 100 g de azúcar
- ■ 25 g de harina de maíz
- ■ 8 yemas de huevo
- ■ 1 rama de canela
- ■ 1 naranja
- ■ 1 limón
- ■ Azúcar al gusto, para espolvorear

🍲 15 min
🥘 5 min
👑 1 €/persona
✋ Esta receta no es apta para personas con intolerancia a la lactosa.

- ■ Lleva la leche a ebullición con la canela y las pieles de la fruta.
- ■ Mientras la leche se calienta, y con la ayuda de unas varillas de cocina, mezcla las yemas con el azúcar y la harina de maíz.
- ■ Vierte poco a poco la leche hervida sobre la mezcla de huevo, sin dejar de remover. Cuando el huevo esté bien disuelto y la leche haya adoptado un color amarillento, vuelve a llevar la solución al fuego, sin dejar de mover con las varillas. Evita que la leche hierva.
- ■ Cuando la crema haya espesado considerablemente, cuélala y disponla en cazuelas de barro. Deja enfriar.
- ■ En el momento de servir, espolvorea la crema con azúcar y quémalo con la ayuda de un soplete de cocina o un quemador.

Trucos

👉 Puedes añadir una ramita de romero a la leche para aromatizar la crema. Otra buena idea es añadir puré de fruta o *coulis* a la crema ya preparada, para darle un aroma extra.

👉 Si no añades harina o maicena obtendrás una crema inglesa que puedes utilizar para acompañar otros postres como tartas, helados o ensaladas de fruta.

2 Galleta crujiente de naranja con crema de naranja

PARA LA CREMA

- ½ l de leche
- 100 g de azúcar
- 25 g de harina de maíz
- 8 yemas de huevo
- 2 naranjas
- 1 rama de canela
- 75 ml de licor de naranja

PARA LA GALLETA CRUJIENTE

- 100 g de azúcar lustre
- 50 g de mantequilla
- 50 ml de zumo de naranja
- 30 g de harina tamizada

🍲 15 min

🔔 15 min

🍽 1 €/persona

✋ Esta receta no es apta para personas con intolerancia a la lactosa.

■ Prepara la galleta: mezcla todos los ingredientes con la batidora hasta que estén bien disueltos y deja que se enfríen durante al menos un par de horas en la nevera, o a poder ser, toda la noche.

■ Lleva la leche a ebullición con la canela y la piel de una naranja.

■ Mientras tanto, mezcla las yemas con el azúcar y la harina de maíz.

■ Vierte la leche hervida sobre el huevo sin dejar de remover con la ayuda de unas varillas de cocina.

■ Vuelve a llevar la solución al fuego, sin dejar de remover. Evita que la leche vuelva a hervir.

■ Cuando la crema haya espesado considerablemente, cuélala.

■ Espolvorea por encima con la piel rallada de la otra naranja, agrega el licor de naranja y deja enfriar en una manga pastelera.

■ Con la ayuda una cuchara, forma esferas con la pasta de galleta.

■ Deposítalas sobre un tapete de silicona y hornea a 180 °C durante 4-5 minutos, hasta que se doren. Retira del horno y deja que se enfríen.

■ Sirve una galleta crujiente en el plato, sobre ésta la crema de naranja, sobre la crema otra galleta y así sucesivamente, hasta formar una lasaña.

Trucos

☞ Acompaña el postre con helado, gajos de naranja o frutos rojos.

3 Falsa cuajada de azahar
con *muesli* y frutos rojos

- 1 l + ½ vaso de leche
- 200 g de *muesli* o cereales
- 200 g de almendra cruda pelada
- 50 g de azúcar glas
- 4 cucharadas de agua de azahar
- 2 cucharadas de maicena
- 1 rama de canela
- Fresitas del bosque
- Moras
- Frambuesas
- Grosellas

🍲 15 min
🥘 5 min
🐷 1 €/persona
✋ Esta receta no es apta para personas alérgicas a los frutos secos ni con intolerancia a la lactosa.

- Pon a hervir un litro de leche con la canela.
- Disuelve la maicena en medio vaso de leche fría.
- Cuando la leche haya hervido retírala del fuego y añade la maicena.
- Vuelve a llevar el cazo al fuego, y deja cocer a fuego lento, sin dejar de remover, hasta que la leche espese ligeramente.
- Una vez espesa, añade el agua de azahar y reparte en los vasos de presentación. Deja enfriar la cuajada en la nevera.
- Mientras tanto tuesta las almendras en el horno hasta que se doren. Deja que se enfríen.
- Una vez frías, tritúralas, con ayuda de un mortero, con el azúcar glas. Agrega el *muesli* y reserva.
- Sirve acompañado con el *muesli* y los frutos rojos.

Trucos

👉 Agrega cuadraditos de fruta fresca en el momento de servir.

👉 Puedes preparar una galleta de naranja o una gelatina para acompañar el postre.

Con canela

El ingrediente

La canela procede de China y el sur de la India (es famosa la canela de Ceilán). Canela significa 'caña pequeña', en referencia al tallo de su árbol, que no suele superar los 4 cm de grosor. En dosis medias, la canela aumenta el ritmo cardiaco y respiratorio así como la temperatura corporal, efecto al que tal vez se deban las propiedades afrodisíacas que tradicionalmente se le atribuyen. La canela resulta un excelente estimulante del aparato digestivo.

La técnica

La canela en rama se emplea en repostería para aromatizar líquidos como cremas, leche, licor, zumos, etc. También se utiliza en polvo, espolvoreada sobre postres de todo tipo o piezas de repostería, o bien como elemento integrante de la receta, a la que aporta su característico sabor.

Plato a plato

Nivel **1** **Cestas crujientes de manzana con helado de canela.** Deliciosa manzana servida en unos originales platitos crujientes.

Nivel **2** *Parfait* **helado de Baileys.** Monta un postre helado con el dulce toque del famoso licor. Tus comensales repetirán.

Nivel **3** **Helado frito de canela y salsa de nueces.** Comprueba cómo es posible freír el helado sin que se derrita al momento.

Nivel **1** Cestas crujientes de manzana con helado de canela

- 200 g de almendra molida
- 175 g de azúcar de lustre
- 100 g de azúcar
- 40 g de mantequilla
- 30 g de harina tamizada
- 2 manzanas Granny Smith
- 4 claras de huevo
- Una pizca de canela en polvo
- Helado de canela

🍲 15 min

🍮 5 min

🍯 1 €/persona

✋ Esta receta no es apta para personas alérgicas a los frutos secos ni con intolerancia a la lactosa.

- Con la ayuda de una batidora, mezcla las claras de huevo con el azúcar de lustre y la mantequilla hasta obtener una textura de pomada.
- Sin dejar de batir incorpora la harina tamizada y las almendras. Deja reposar y enfriar, a poder ser toda la noche.
- Forma finas circunferencias y disponlas en una bandeja de horno.
- Cuece a 180 °C durante 10 minutos.
- Una vez cocidas, saca las tejas de almendra del horno, espolvorea una pizca de canela y disponlas, aún calientes, en una flanera, invertida, para que adquieran su forma.
- Una vez frías y crujientes, dispón en su interior la manzana cortada en cuadraditos y salteada, rebozada con el azúcar blanco.
- Sirve las cestas y acompaña con helado de canela.

Trucos

👉 Añade unas semillas de sésamo a la crema de almendras antes de hornearla, para potenciar el sabor y la textura crujiente de las mismas.

👉 Prueba también con semillas de amapola o unas gotas de agua de azahar.

👉 Puedes rellenar las cestas a tu gusto, con fruta o helado.

Nivel **1** Cestas
crujientes de manzana
con helado de canela

☞ En lugar de formar
cestitas, puedes enrollar las
circunferencias recién salidas
del horno y formar barquillos.
Ten en cuenta que las tejas
son moldeables cuando aún
están calientes, pero una vez
frías se romperán si pretendes
darles forma. Por ello no debes
hornear más tejas de las que
seas capaz de manipular en los
pocos segundos que tardan en
enfriarse.

Nivel **2** *Parfait* helado de Baileys

- 8 yemas de huevo
- 300 g de nata montada
- 200 g de azúcar
- 100 ml de Baileys
- 75 ml de agua
- 2 hojas de gelatina
- Zumo de limón

🍲 10 min
⏲ 15 min
💰 2 €/persona
✋ Esta receta no es apta para personas con intolerancia a la lactosa.

- Hidrata las hojas de gelatina en agua fría.
- Cuece a fuego lento el azúcar con unas gotas de zumo de limón hasta obtener un almíbar.
- Agrega la gelatina y reserva.
- Monta las yemas de huevo con la ayuda de unas varillas eléctricas, hasta que doblen su volumen inicial.
- Una vez montadas añade el almíbar de forma paulatina, sin dejar de montar, hasta que la solución quede bien ligada.
- Agrega entonces la nata montada, incorporándola poco a poco con la ayuda de una lengua de cocina, para que la crema no pierda volumen.
- Cuando lo tengas todo bien montado añade un buen chorro de Baileys y mezcla bien.
- Introduce el *parfait* en un molde de pudin o en una flanera y congela. Reserva hasta el momento de servir.

Trucos
👉 Puedes agregar unas semillas de amapola en el momento de mezclar con la nata montada.
👉 Prueba también a añadir frutos rojos: rellena el molde hasta la mitad, añade entonces una cucharada de puré de frutas o *coulis* y termina de cubrir con el *parfait*.

Nivel **3** Helado frito de canela y salsa de nueces

- 250 g de nueces peladas
- 200 g de harina
- 100 g de azúcar
- 200 ml de cerveza
- 1 l de leche
- 1 rama de canela
- Helado de canela

🍲 1 hora y 10 min

🍽 10 min

💰 2 €/persona

✋ Esta receta no es apta para personas alérgicas a los frutos secos ni con intolerancia a la lactosa.

■ Cuece las nueces peladas con la canela y la leche en un cazo a fuego lento durante, al menos, 1 hora. El volumen inicial debe reducir a la mitad.

■ Cuando la leche haya reducido agrega el azúcar y deja cocer otros 10 minutos.

■ Luego cuela la leche y deja enfriar. Reserva.

■ Forma cuatro bolas de helado y congélalas en un plato durante un par de horas. El helado debe estar bien congelado en bolas individuales para que no se deshaga al freírlo.

■ Bate la cerveza con la harina hasta obtener una crema lisa y homogénea, con la textura de una papilla sin grumos.

■ Calienta abundante aceite de oliva.

■ En el momento de servir baña las bolas de helado en la mezcla de cerveza y harina y fríe inmediatamente durante 5-10 segundos hasta que se forme un buñuelo. El helado empezará a derretirse. Sirve al instante acompañado de la crema de nueces y canela.

Trucos

👉 Puedes añadir una cucharada de cacao en polvo a la mezcla de cerveza y harina para obtener unos buñuelos de cacao rellenos de helado de canela.

👉 Si quieres una salsa de nueces más espesa, prepárala con la mitad de la leche y el resto con nata líquida.

Con chocolate

Llegó el momento del ingrediente estrella de los postres: ¡el chocolate! Lo más habitual es trabajar con chocolate para fundir, y lo primero que haremos será derretirlo al baño María.

A continuación ya puedes usarlo para elaborar el postre deseado, añadiéndole huevos, mantequilla, nata líquida o leche, en función de la receta.

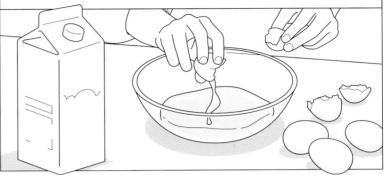

En este capítulo vas a descubrir cómo preparar delicias como las natillas, los buñuelos o los brownies, *todos con chocolate,* claro.

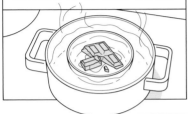

También voy a enseñarte los secretos de la mousse. El truco está en incorporar burbujas de aire removiendo sin parar claras de huevo montadas, nata montada o una combinación de ambas.

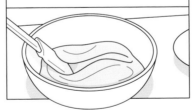

Cuando obtengas la textura deseada, deja reposar la mousse un par de horas en la nevera, y ya puedes servirla.

Para cerrar el capítulo vamos a trabajar con chocolate blanco, que puedes fundir también al baño María o bien en nata, leche o un almíbar.

Con él cocinaremos pequeñas tentaciones blancas, como las rocas con piñones...

... o unos sofisticados pañuelos de chocolate blanco y cacao.

Con nata líquida

El ingrediente

Cuando se calienta la leche y se deja reposar y enfriar durante unas horas aparece una reacción por la cual los glóbulos de grasa que contiene suben a la superficie, formando la nata. La nata es muy empleada en repostería por sus características, su cremosidad y capacidad espesante. Los glóbulos de grasa de la leche pueden calentarse pero no aceptan el congelado, ya que al descongelar la leche o la nata aparecen grumos de mantequilla.

La técnica

La materia grasa existente en la leche permite incorporar burbujas de aire cuando la batimos, por lo que habitualmente la empleamos para montar. Cuanto mayor sea la materia grasa existente en la nata, más fácilmente montará ésta. La nata no sólo se utiliza para montar, sino que con ella podemos elaborar infinidad de propuestas, como salsas, helados, etc.

Plato a plato

Nivel **1** **Natillas de chocolate.** La receta clásica, pero con un añadido de cacao. Al gusto de todas las edades.

Nivel **2** **Buñuelos de chocolate.** Elabora un original postre frito a partir de unas clásicas trufas.

Nivel **3** **Raviolis de chocolate fritos.** Un dulce postre caliente con sorpresa fundida en el interior. ¡No apto para personas a dieta!

Nivel **1** Natillas de chocolate

- 8 yemas de huevo
- 150 g de azúcar
- 50 g de cacao en polvo
- 700 ml de leche
- 300 ml de nata líquida
- 1 rama de canela
- 1 naranja

🍲 10 min

🥘 10 min

🐷 1 €/persona

✋ Esta receta no es apta para personas con intolerancia a la lactosa.

■ Cuece a fuego lento la leche junto a la nata, la canela y la piel de la naranja.

■ Bate las yemas con el azúcar y el cacao.

■ Cuando la leche arranque a hervir retira del fuego y añade cuidadosamente las yemas. Mezcla bien hasta que el huevo quede bien disuelto.

■ Vuelve a llevar la preparación al fuego, muy lento, y deja que la mezcla espese sin dejar de remover con unas varillas de cocina. Evita que la leche hierva.

■ Cuela la preparación y reparte las natillas en vasos individuales. Deja enfriar hasta el momento de servir. Las puedes servir a temperatura ambiente o frías de la nevera.

Trucos

👉 Añade un chorrito de licor de naranja para aromatizar las natillas en el momento en que la crema se haya espesado. Si lo prefieres, puedes emplear otros licores (Baileys, ron, coñac, etc.)

Nivel **2** Buñuelos de chocolate

- 300 g de cobertura de chocolate (70% de cacao)
- 200 g de harina
- 150 g de mantequilla
- 50 g de cacao en polvo
- 250 ml de nata líquida
- 200 ml de aceite de oliva
- 1 cerveza

🍲 20 min
🍳 10 min
💰 3 €/persona
✋ Esta receta no es apta para personas con intolerancia a la lactosa.

- Primero prepara una masa de trufas tradicional: derrite el chocolate con la mantequilla al baño María mezclando continuamente con unas varillas de cocina.
- Incorpora la nata líquida sin dejar de batir hasta obtener una crema espesa, lisa y homogénea, sin grumos. Retira del fuego y deja que la mezcla se enfríe en la nevera.
- Cuando la masa esté bien solidificada, forma bolas con una cucharilla y rebózalas en cacao en polvo. Reserva el cacao sobrante y deposítalas de nuevo en la nevera.
- Bate la cerveza junto a la harina y el cacao que has reservado, hasta obtener una crema espesa, sin grumos, con la textura de una papilla.
- Baña las trufas en esta solución y fríelas en abundante aceite de oliva muy caliente. Sirve al instante.

Trucos
👉 Añade una copa de licor a la masa de chocolate para darle un toque especial: coñac, licor de naranja o el licor de tu gusto.
👉 Otro toque original consiste en introducir una frambuesa u otro fruto rojo en el interior de las trufas de chocolate.

Nivel **3** Raviolis de chocolate fritos

- 300 g de cobertura de chocolate (70% de cacao)
- 150 g de mantequilla
- 250 ml de nata líquida
- 1 paquete de pasta *brick*
- 1 huevo
- Aceite de oliva

🍲 10 min
🥘 10 min
🍽 3 €/persona
✋ Esta receta no es apta para personas con intolerancia a la lactosa.

- Prepara una crema de chocolate: derrite el chocolate junto con la mantequilla al baño María, mezclando continuamente con unas varillas de cocina.
- Incorpora la nata líquida sin dejar de batir, hasta obtener una crema espesa, lisa y homogénea, sin grumos. Retira del fuego y deja enfriar la mezcla en un recipiente rectangular en la nevera.
- Cuando la masa de trufa esté bien fría y haya solidificado, corta pequeños triángulos.
- Corta la pasta *brick* en bandas de unos 4 cm de ancho.
- Dispón en un extremo un triángulo de masa de trufa, enrolla la pasta *brick* sobre sí misma formando triángulos y sella untando el extremo final con huevo batido.
- Fríe los triángulos en abundante aceite de oliva durante 10-20 segundos, hasta que queden dorados y la masa de trufa en el interior esté líquida.

Trucos
👉 Aromatiza la masa de trufa con el licor de tu agrado.
👉 Añade a los *brick* de chocolate pequeños gajos de naranja o frutos rojos.
👉 Si no tienes pasta *brick* puedes utilizar pasta *won-ton* o pasta filo.

Mousses

El ingrediente

En repostería podemos elaborar *mousses* de todo tipo: de chocolate, de fruta, de frutos secos... pero las *mousses* no sólo son protagonistas en los postres, sino que también podemos aplicar esta técnica a la cocina salada y elaborar *mousses* de verduras, pescado, etc. La *mousse* es una crema esponjosa a la cual agregamos aire mediante el batido para darle su textura esponjosa, ligera y suave característica.

La técnica

Podemos obtener una *mousse* con claras de huevo montadas, nata montada o una combinación de ambas, a las que al remover, con mucho cuidado, les aportaremos burbujas de aire. El proceso de mezclado de las claras o crema montada ha de realizarse con una lengua de cocina, con movimientos envolventes y extremo cuidado para conservar dichas burbujas. Si incorporásemos la nata o las claras montadas con demasiado vigor las romperíamos y perderíamos la textura esponjosa que buscamos. La diferencia respecto al suflé es que este consiste en una masa esponjosa que se cuece para que se hinche y que se sirve caliente.

Plato a plato

Nivel **1** *Mousse de chocolate.* Un clásico de las *mousses*, con una sorpresa líquida en su corazón.

Nivel **2** **Semiesfera de chocolate rellena de su *mousse*.** Avanza un Nivel en la cocina del chocolate con esta delicadeza esponjosa. Rellénala a tu gusto.

Nivel **3** *Coulant* de **chocolate en salsa de cerezas y helado de vainilla.**

Nivel **1** *Mousse* de chocolate

- 200 g de cobertura de chocolate (70% de cacao)
- 100 g de azúcar
- 125 ml de nata líquida + 2 cucharadas
- 5 huevos
- 2 hojas de gelatina

🍲 10 min
🍮 15 min
🐷 3 €/persona
✋ Esta receta no es apta para personas con intolerancia a la lactosa.

- Derrite el chocolate en un cazo al baño María y reserva.
- Con ayuda de unas varillas de cocina monta por un lado la nata líquida, por otro las claras con el azúcar (este paso es opcional) y, por otro, las yemas.
- Hidrata las hojas de gelatina en agua fría.
- Calienta 2 cucharadas de nata líquida e incorpora la gelatina. Disuelve completamente batiendo con un tenedor.
- Mezcla este líquido con la nata montada y reserva.
- En un recipiente amplio mezcla las yemas con las claras y la nata montada. Deberás remover con movimientos envolventes con una lengua de cocina.
- Agrega el chocolate y mezcla nuevamente con la lengua de cocina. Deberás obtener una crema homogénea, con una textura esponjosa, característica de la *mousse*.
- Sirve la mezcla en los vasos o recipientes de presentación y deja reposar al menos un par de horas en la nevera, hasta que la *mousse* solidifique.

Trucos

👉 Puedes disolver la gelatina en leche en lugar de nata líquida.

👉 Aromatiza la *mousse* con el licor de tu agrado.

👉 Enriquece la *mousse* con una cucharada de chocolate líquido. Al disponerla en las copas, añade una cucharada de chocolate y acaba de cubrir con la *mousse*, así tendrás un corazón que se funde.

Nivel **2** Semiesfera de chocolate rellena de su *mousse*

■ 300 g de cobertura de chocolate (70% de cacao)
■ 100 g de azúcar
■ 125 ml de nata líquida
■ 5 huevos
■ 2 hojas de gelatina

🍲 10 min
🍛 15 min
🐷 3 €/ persona
✋ Esta receta no es apta para personas con intolerancia a la lactosa.

■ Derrite 100 g de chocolate en un cazo al baño María.
■ Con un pincel de cocina pinta el interior de un molde de silicona con forma de semiesfera con el chocolate fundido. Si no tienes pincel de cocina puedes verter el chocolate en el interior del molde y luego vaciarlo.
■ Elabora una *mousse* de chocolate tradicional. Para ello derrite los 200 g de chocolate restante al baño María.
■ Con ayuda de unas varillas de cocina monta por un lado la nata líquida, por otro las claras con el azúcar (este paso es opcional) y, por otro, las yemas.
■ Hidrata las hojas de gelatina en agua fría.
■ Calienta 2 cucharadas de nata líquida e incorpora la gelatina. Disuelve completamente batiendo con un tenedor.
■ Mezcla este líquido con la nata montada y reserva.
■ En un recipiente amplio mezcla las yemas con las claras y la nata montada. Deberás remover con movimientos envolventes con una lengua de cocina.
■ Agrega el chocolate y mezcla nuevamente con la lengua de cocina. Deberás obtener una crema homogénea, con una textura esponjosa, característica de la *mousse*.
■ Sirve la *mousse* en los moldes cubiertos con chocolate y deja reposar al menos un par de horas en la nevera, hasta que la *mousse* solidifique.
■ A la hora de servir retira el molde cuidadosamente.

Trucos
☞ Puedes disolver la gelatina en leche en lugar de nata líquida.
☞ Aromatiza la *mousse* añadiendo unas gotas de licor de naranja o frutos rojos.

Nivel **2** Semiesfera
de chocolate rellena de
su *mousse*

→ ☞ También puedes enriquecer
el corazón de la *mousse* con fruta
fresca, frutos rojos o incluso
helado.

☞ Forra un molde semiesférico
con papel de cocina transparente, vierte la *mousse* y deja
que cuaje y se estabilice en
la nevera. De este modo te
ahorrarás el recubrimiento de
chocolate, siempre más delicado
de manipular.

Nivel **3** *Coulant* de chocolate en salsa de cerezas y helado de vainilla

- 250 g de cobertura de chocolate (70% de cacao)
- 250 g de mantequilla
- 500 g de cerezas
- 100 g de azúcar
- 75 g de harina tamizada
- 5 huevos + 5 yemas
- 1 rama de vainilla
- Helado de vainilla

🍲 15 min
🍽 15 min
💰 3 €/persona
✋ Esta receta no es apta para personas con intolerancia a la lactosa.

- Derrite el chocolate con la mantequilla en un cazo al baño María.
- Una vez fundido mezcla bien hasta obtener una crema lisa, brillante y homogénea.
- Con la ayuda de unas varillas de cocina, monta por un lado las yemas de huevo y por otro los huevos enteros.
- Con la ayuda de una lengua de cocina mezcla las yemas con los huevos montados e incorpora la harina y el chocolate fundido. Mezcla cuidadosamente hasta obtener una *mousse*. Reserva en una manga pastelera.
- Mientras tanto cuece las cerezas ligeramente trituradas, con la vainilla abierta y el azúcar, en un cazo a fuego lento durante 20 minutos. Deja que las cerezas suden su jugo, cuela sin triturar, deja enfriar y reserva.
- En el momento de servir reboza unas flaneras con mantequilla y harina, vierte la *mousse* en el interior y hornea a 200 °C durante 5-6 minutos, hasta que el *coulant* se cueza por su parte exterior conservando el interior líquido.
- Transcurrido este tiempo, retira las flaneras y sirve junto a la salsa de cerezas y el helado de vainilla.

Trucos

👉 Si te resulta difícil controlar la temperatura y el tiempo de horneado o se te pasa la cocción del *coulant*, puedes retirar la capa superior del mismo, vaciar con una cucharilla el bizcocho obtenido y rellenar el mismo con una trufa de chocolate. Luego calienta el *coulant* para que la trufa se funda y obtendrás el característico chocolate líquido.

Nivel **3** *Coulant* de
chocolate en salsa de cerezas
y helado de vainilla

☞ Prepara la salsa de cerezas
con anterioridad: reserva la carne
de las cerezas que debe sobrarte
en el colador, pícalas finamente y
agrégalas a la masa de chocolate
cuando ya esté lista la masa
del *coulant*. También puedes
degustarlas junto a un yogur o
una cuajada.

☞ Puedes aromatizar el *coulant*
con un chorrito de coñac o algún
licor de frutas o frutos secos.
Añade este aroma cuando ya
hayas fundido el chocolate con la
mantequilla.

Variedades de chocolate

El ingrediente

El chocolate se obtiene de las semillas de la planta del cacao previamente fermentadas, secadas y tostadas. Las semillas tratadas del cacao son posteriormente peladas y trituradas para obtener la pasta de la cual se obtiene el chocolate, con una mayor o menor proporción de cacao, más o menos dulce o amargo. El sabor final del chocolate dependerá de la procedencia del grano de cacao y de los métodos utilizados para su elaboración.

La técnica

El chocolate acepta infinidad de preparaciones, pero lo más importante es cuidar las temperaturas de cocción para que no se queme y se estropee, por lo que suele recomendarse derretir el chocolate al baño María o disuelto en otros líquidos. Cada preparación precisa una temperatura u otra de fundido, así, no es lo mismo derretir chocolate para hacer una *mousse* que la cobertura de un bombón. Desde antaño, el chocolate se consume también como bebida o se emplea también en la cocina salada, para elaborar guisos, salsas o estofados.

Plato a plato

Nivel **1** *Brownie* de chocolate. Atrévete a elaborar en casa el tradicional dulce de chocolate con frutos secos.

Nivel **2** Suflé de chocolate. Un postre esponjoso que se sirve recién caliente, acabado de salir del horno.

Nivel **3** *Macaron* con crema de chocolate. Elabora unos dulces de confitería que resultan crujientes a la boca a la vez que melosos gracias a la crema de chocolate.

Nivel **1** *Brownie* de chocolate

- 300 g de mantequilla
- 200 g de azúcar
- 200 g de cobertura de chocolate (70% de cacao)
- 150 g de avellanas picadas
- 150 g de harina
- 30 g de harina de maíz
- 5 huevos
- 1 rama de vainilla

🫕 45 min
🍲 10 min
🍲 3 €/persona
✋ Esta receta no es apta para personas alérgicas a los frutos secos o con intolerancia a la lactosa.

■ Mezcla la harina con la harina de maíz, la pulpa de la vainilla y las avellanas picadas, y reserva.

■ Derrite el chocolate en un cazo al baño María. Reserva.

■ Bate la mantequilla pomada (blanda) junto con el azúcar y el chocolate fundido, hasta obtener una masa espumosa. Agrega los huevos batidos y mezcla todo bien con la harina y las avellanas.

■ Dispón la mezcla en un molde de horno previamente enharinado (untado con mantequilla y harina) y hornea a 160 °C durante 45 minutos.

■ Transcurrido este tiempo, saca el *brownie* del horno y deja reposar unos minutos. Retira la costra superior tostada antes de servir.

Trucos

👉 Para evitar que se forme una costra en la superficie del *brownie* cubre la bandeja con papel de horno o de aluminio antes de hornear.

👉 Puedes sustituir las avellanas por nueces, almendras o pistachos, a tu gusto.

👉 Aromatiza el *brownie* con unas gotas de licor de fruta o coñac que deberás agregar antes de hornear.

2 Suflé de chocolate

- 50 g de cobertura de chocolate (70% de cacao)
- 50 g de cacao en polvo
- 50 g de mantequilla
- 50 g de harina
- 250 ml de leche
- 5 claras de huevo
- 4 yemas de huevo
- Azúcar

🍲 35 min
🍽 15 min
💰 2 €/persona
✋ Esta receta no es apta para personas con intolerancia a la lactosa.

■ Mezcla la harina con la mantequilla hasta obtener una pasta sólida, lisa y homogénea, sin grumos.
■ Lleva la leche a ebullición en un cazo a fuego lento. Cuando arranque a hervir, agrega con delicadeza el cacao y la cobertura. No dejes de remover con unas varillas de cocina hasta que el cacao se haya fundido por completo.
■ Añade entonces la mantequilla con harina y mezcla hasta obtener una pasta de cacao.
■ Retira del fuego y deja que la mezcla se enfríe ligeramente.
■ Incorpora las yemas de una en una, dejando que la masa las absorba.
■ Agrega las claras ligeramente montadas y mezcla bien con la ayuda de una lengua de cocina; procura preservar la esponjosidad de las mismas.
■ Introduce la masa obtenida en moldes de horno o flaneras previamente untados con mantequilla y azúcar y hornea a 200 °C durante 30-35 minutos. Saca del horno y sirve al instante.

Trucos
☛ No llenes hasta arriba los moldes o el suflé se desbordará: deja 2 cm libres para que pueda crecer.
☛ Aromatiza la preparación agregando pulpa de vainilla o licor de frutas a la crema una vez elaborada. Mezcla bien y deja enfriar.

3 *Macaron* con crema de chocolate

PARA EL *MACARON*

- 250 g de azúcar glas
- 150 g de almendra molida
- 100 g de claras de huevo (2 huevos)
- 30 g de cacao en polvo

PARA LA CREMA

- 200 g de cobertura de cacao
- 300 ml de nata líquida

🍲 15 min

🍽 15 min

💰 3 €/persona

✋ Esta receta no es apta para personas alérgicas a los frutos secos o con intolerancia a la lactosa.

- Mezcla la almendra con el cacao y el azúcar, todo bien tamizado, y deja reposar a temperatura ambiente durante media hora, para que todos los elementos secos tengan la misma temperatura.
- Monta las claras a punto de nieve e incorpora los ingredientes tamizados, con movimientos envolventes, con la ayuda de una lengua de cocina. Deberás obtener una masa esponjosa y cremosa.
- Introduce la preparación en una manga pastelera y forma pequeñas circunferencias sobre una silicona o papel de horno. Deja reposar un par de horas a temperatura ambiente.
- Hornea las circunferencias a 160 °C durante 10-12 minutos. Saca del horno y deja enfriar.
- Lleva la nata a ebullición en un cazo a fuego lento. Una vez arranque a hervir, agrega la cobertura y mezcla bien con unas varillas hasta obtener una crema.
- Deja enfriar e introduce la crema en una manga pastelera.
- Rellena los *macarons* con la crema de chocolate y sírvelos.

Trucos

👉 Deja reposar las circunferencias en la bandeja de horno toda una noche en un lugar fresco y aireado, para que se forme una costra y obtengas un *macaron* de superficie muy lisa.

👉 Para conseguir esta superficie lisa es importante que todos los elementos secos estén bien triturados y tamizados.

Con chocolate blanco

El ingrediente

El chocolate blanco no es tal, pues sólo contiene alrededor de un 30% de manteca de cacao y ningún otro elemento sólido proveniente de la semilla de cacao: el resto del chocolate está formado por azúcares y leche en polvo. Debido a su composición, la manipulación en la cocina es delicada. Además, no debemos olvidar su alto contenido en materia grasa a la hora de trabajar con este producto, pues hay ingredientes, como el huevo, que no aceptan demasiado bien las materias grasas.

La técnica

Así como el chocolate negro funde por sí solo en un cazo al baño María, la cobertura blanca precisa mayor atención. Podemos fundirla al baño María con mantequilla, sin dejar de remover la mezcla, o disolver el chocolate blanco en algún elemento líquido, como leche, nata o incluso un almíbar.

Plato a plato

Nivel **1** **Rocas de chocolate blanco.** Una tentadora propuesta para acompañar el café o hacer un regalo especial.

Nivel **2** **Bombones de chocolate blanco crujiente.** Atrévete con unas deliciosas trufitas blancas que se sirven bien frías.

Nivel **3** **Pañuelos de chocolate blanco y cacao.** Una forma diferente de servir chocolate. Si quieres dejar a tus comensales boquiabiertos, busca oro en polvo y espolvoréalo antes de servirlos.

1 Rocas de chocolate blanco

- 200 g de cobertura de chocolate blanco
- 100 g de piñones
- 100 g de mantequilla
- Canela en polvo

🍲 5 min
🍮 5 min
💰 2 €/persona
✋ Esta receta no es apta para personas alérgicas a los frutos secos o con intolerancia a la lactosa.

- Dispón los piñones en una bandeja de horno y ásalos a 180 ºC durante 10-12 minutos, hasta que queden bien dorados. Deja enfriar.
- Derrite la cobertura con la mantequilla al baño María, sin dejar de batir con la ayuda de unas varillas de cocina.
- Una vez fundida, añade los piñones y mezcla bien.
- Con la ayuda de dos cucharillas forma pequeñas montañas de piñones y chocolate sobre una hoja de silicona y deja enfriar en la nevera hasta que el chocolate solidifique.
- A la hora de servir puedes espolvorear con canela en polvo.

Trucos
👉 Agrega cereales, almendras en palitos o el fruto seco que desees.
👉 Puedes pintar las rocas con oro comestible (a la venta en tiendas especializadas).

Nivel **2** Bombones de chocolate blanco crujiente

- 350 g de cobertura de chocolate blanco
- 100 g de mantequilla
- 100 ml de nata líquida
+ 1 cucharadita

🍲 10 min

🍽 10 min

💰 2 €/persona

✋ Esta receta no es apta para personas con intolerancia a la lactosa.

■ Derrite 250 g de cobertura con la mantequilla, en un cazo al baño María, sin dejar de batir con unas varillas de cocina.
■ Agrega la nata líquida y mezcla bien hasta obtener una crema lisa y homogénea, sin grumos.
■ Introduce la crema de chocolate blanco en cubiteras o moldes redondos de silicona y conserva en el congelador hasta que la masa solidifique. Deja reposar al menos un par de horas.
■ Transcurrido este tiempo saca las cubiteras o moldes y forma bolas de tamaño similar con las manos. Luego deja que se enfríen nuevamente en el congelador.
■ Derrite el chocolate restante en un cazo al baño María con una cucharadita de nata líquida.
■ Baña los bombones con esta solución cubriendo la superficie y deja enfriar media hora más en el congelador antes de servir.

Trucos

☛ Si lo prefieres puedes rebozar las trufas con azúcar glas o coco rallado; también puedes elaborar una cobertura de chocolate negro para cubrir los bombones.
☛ Prueba a introducir un fruto rojo o un fruto seco en el interior de los bombones antes de moldearlos y recubrirlos con el chocolate fundido.

Nivel **3** Pañuelos de chocolate blanco y cacao

- 100 g de azúcar isomalt
- 50 g de cobertura de chocolate blanco
- 25 g de glucosa
- 1 cucharadita de agua de azahar
- ½ vaina de vainilla
- Cacao en polvo

🍲 15 min

🍽 10 min

🐷 3 €/persona

✋ Esta receta no es apta para personas con intolerancia a la lactosa.

- Derrite el azúcar isomalt con la glucosa en un cazo a fuego muy lento. Deja cocer durante 3-4 minutos.
- Transcurrido este tiempo agrega la cobertura de chocolate, la pulpa de la vainilla y el agua de azahar. Mezcla bien con unas varillas de cocina y deja cocer un par de minutos.
- Retira del fuego y deja enfriar en moldes redondos de unos 15 g de capacidad. Se formarán pastillas pequeñas y completamente sólidas.
- Una vez frías caliéntalas en el horno a 120 ºC, de una en una y sobre una hoja de silicona, durante 4-5 minutos, hasta que pierdan solidez.
- Saca la bandeja de horno y cubre los chocolates con otra hoja de silicona.
- Pasa un rodillo por encima para que queden estiradas, como pañuelos, y deja que se enfríen.
- Espolvorea con cacao en polvo antes de servir.

Trucos

👉 Puedes espolvorear con oro, plata o bronce en polvo, de venta en tiendas especializadas. También puedes rallar sobre los pañuelos una haba de tonca.

Con hojaldre

Hacer un hojaldre casero es laborioso pero no difícil. Sólo necesitas agua fría, harina, sal y azúcar. Trabaja la masa y luego déjala reposar.

A continuación dispón la mantequilla y trabaja la masa con el rodillo. Después de un ratito de reposo, ya tienes hojaldre listo para cocer.

Hornéalo unos 20 minutos y obtendrás un hojaldre dulce, dorado y crujiente.

En este capítulo te enseñaré a vestir el hojaldre para preparar postres tan famosos como el tatín de manzana o unos originales canutillos rellenos de frutos rojos.

También trabajaremos con chocolate; voy a enseñarte a preparar en casa unas tentadoras cañas hojaldradas con cacao y trufa.

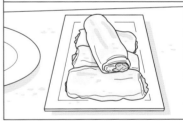

Y no nos olvidemos de la fruta: manzana, fresas... Elige tu fruta favorita y disponla dentro o sobre el hojaldre crujiente.

Puedes ponerla cruda o cocinada, en forma de compota, por ejemplo.

Y recuerda que siempre puedes enriquecer tus postres de hojaldre con nata montada, crema pastelera o el helado del sabor que más te guste.

Con fruta

El ingrediente

La fruta es uno de los ingredientes más empleados en
repostería por su versatilidad,
alto contenido en fructosa
y su carácter dulce. La fruta
tropical, como la piña o el mango, tienen una pulpa carnosa ideal
para cocinarla o saltearla, mientras que otras frutas de pulpa más
jugosa, como el maracuyá o la naranja resultan deliciosas en la
elaboración de salsas. Por su delicadeza e intenso sabor los frutos
rojos son ideales en crudo, o para elaborar purés que potencien o
acompañen los postres.

La técnica

Podemos utilizar fruta fresca simplemente lavada, pelada
y troceada, o bien cocinarla en forma de puré, jalea, salsas,
compotas, etc. Utilizaremos la fruta en función de la receta:
cociéndola, asándola, salteándola o simplemente licuándola para
aromatizar nuestras preparaciones. La fruta puede estar presente
en un postre de las mas variadas formas, ofreciendo diferentes
texturas y posibilidades. Los purés, *coulis* o nos permiten no sólo
disfrutar del sabor de las frutas, sino prolongar también con esta

técnica su tiempo de conser-
vación. En la elaboración de
estas salsas y purés se emplea
azúcar, que actúa como
conservante.

Plato a plato

Nivel **1** **Milhojas de
crema.** Rellena el milhojas
con una deliciosa y
suave crema que puedes
enriquecer a tu gusto.

Nivel **2** **Canutillos de
hojaldre rellenos de frutos
rojos.** Un postre con un
relleno rico en antioxi-
dantes. Elige los frutos
rojos que más gusten a tus
comensales.

Nivel **3** *Tatin* **de
manzana, crema y helado
de vainilla.** Un clásico de la
repostería francesa. Verás
que es más fácil de lo que
parece.

1 Milhojas de crema

- 100 g de azúcar
- 50 g de harina
- 8 yemas de huevo
+ 1 huevo
- ½ l de leche
- 1 rama de canela
- 1 naranja (la piel)
- 1 limón (la piel)
- 1 lámina de hojaldre
- Azúcar glas
- Canela en polvo

- 25 min
- 5 min
- 3 €/persona
- Esta receta no es apta para personas con intolerancia a la lactosa.

- El hojaldre es una masa de repostería elaborada a partir de harina, agua y mantequilla, mucha mantequilla. Su preparación es laboriosa (véase pág. 86), por lo que puedes adquirirlo ya preparado para así ahorrar tiempo.
- Corta el hojaldre en rectángulos de 4 x 10 cm y pinta la superficie con huevo batido. Hornea a 190 °C durante 20 minutos, hasta que el hojaldre crezca en volumen y quede bien dorado y crujiente. Deja enfriar y reserva.
- Elabora una crema pastelera. Para ello lleva la leche a ebullición con la canela y las pieles de fruta en un cazo a fuego lento.
- Mientras se calienta la leche, y con la ayuda de unas varillas de cocina, mezcla las yemas con el azúcar y la harina.
- Vierte despacio la leche hervida sobre la mezcla de huevo, sin dejar de remover.
- Cuando el huevo esté bien disuelto la leche habrá adoptado un color amarillento. Entonces vuelve a llevar la solución al fuego, sin dejar de remover con las varillas, evitando que la leche hierva de nuevo. La leche debe espesar de forma considerable.
- Cuando la crema haya espesado retira del fuego, cuela y deja enfriar.
- Abre los hojaldres y rellénalos con la crema pastelera. Puedes espolvorear con azúcar glas y canela molida antes de servir.

Trucos

👉 Mezcla una yema de huevo con dos cucharadas de nata líquida para pintar el hojaldre, de ese modo te quedará más dorado y crujiente.

👉 Espolvorea también con azúcar o semillas de amapola.

Nivel **2** Canutillos de hojaldre rellenos de frutos rojos

PARA EL HOJALDRE
- 600 g de harina
- 450 g de mantequilla
- 250 ml de agua
- Sal
- Azúcar

PARA EL RELLENO
- 1 bandeja de frutos rojos

🝰 20 min
🝰 30 min
🝰 3 €/persona
✋ Esta receta no es apta para personas con intolerancia a la lactosa.

■ Para elaborar un hojaldre casero disuelve la harina en el agua con una pizca de sal y otra de azúcar, poco a poco, sin dejar de remover, hasta obtener una masa compacta, lisa y homogénea. Puedes añadir mantequilla derretida (200 g) a esta masa para obtener un hojaldre de sabor más intenso aún.

■ Amasa la preparación hasta que todos los elementos queden bien integrados y déjala reposar durante 15 minutos.

■ Mientras tanto trabaja la mantequilla con un rodillo hasta obtener un cuadrado de 1 cm de espesor.

■ Estira la masa de harina con la ayuda de un rodillo y forma también un cuadrado de 1 cm de espesor.

■ Dispón la hoja de mantequilla en el centro de la masa de harina y cierra las puntas de esta última formando un sobre.

■ Sella con la ayuda del rodillo y dobla la masa sobre sí misma. Vuelve a estirar ligeramente con el rodillo y vuelve a doblar la masa. Realiza esta acción 6 veces más. Por último, deja reposar la masa durante media hora antes de utilizarla de nuevo.

■ Corta bandas de hojaldre de 2 cm de ancho y envuelve con ellas un molde con forma de canutillo.

■ Pinta con huevo y hornea a 190 °C durante 20 minutos, hasta que el hojaldre se cueza y quede bien dorado.

■ Retira entonces del horno, saca del molde y deja enfriar.

■ Rellena con frutos rojos antes de servir.

Trucos
☞ Enharina el molde del canutillo para que el hojaldre no se pegue antes de forrarlo.

Nivel **3** *Tatin* de manzana, crema y helado de vainilla

- 4 manzanas Granny Smith
- 200 g de azúcar
- 50 g de mantequilla
- 1 lámina de hojaldre
- 1 rama de canela
- Crema inglesa
(véase pág. 35)
- Helado de vainilla o canela

🍲 20 min

🍮 20 min

💰 3 €/persona

✋ Esta receta no es apta para personas con intolerancia a la lactosa.

■ El hojaldre es una masa de repostería elaborada a partir de harina, agua y mantequilla, mucha mantequilla. Su elaboración es laboriosa (véase pág. 86), por lo que puedes adquirirla ya preparada para ahorrar tiempo.

■ En un cazo o una sartén prepara un caramelo con el azúcar a fuego lento, hasta que empiece a dorarse.

■ Viértelo en 4 moldes de tarta de unos 8 cm de diámetro, pero reserva un poco de caramelo en la sartén.

■ Agrega al caramelo de la sartén las manzanas peladas y cortadas en cuartos y deja que se doren durante un par de minutos.

■ Añade entonces la canela y la mantequilla y deja cocer otro par de minutos. Retira del fuego y deja que se enfríe ligeramente. Reserva.

■ Dispón la manzana en los moldes y cubre con la lámina de hojaldre ligeramente estirada. Hornea durante 15 minutos a 180 °C.

■ Cuando el hojaldre esté dorado y cocido retira del horno y dale enseguida la vuelta al molde para obtener la tarta.

■ Sírvela acompañada de crema inglesa y helado.

Trucos

👉 Puedes elaborar la tarta *tatin* con otras frutas, como pera, plátano, mango, etc.

👉 Añade una ramita de romero al caramelo para darle un toque aromático y exclusivo.

Con relleno

El ingrediente

Podemos encontrar harinas de todo tipo: de semillas, legumbres o cereales, harina de trigo, de maíz, de avena, de arroz o de centeno. Pero la más empleada en repostería es sin duda la harina de trigo por sus propiedades espesantes y su versatilidad, pero también por tratarse de una harina de uso común, integrada desde antaño en nuestra alimentación. Otras harinas no ofrecen estas características o, en todo caso, lo hacen en menor proporción, por lo que deberíamos agregar una mayor cantidad de harina a la receta, con lo que tal vez la preparación se vería alterada.

La técnica

Es importante que emplees harina de calidad, que haya estado debidamente conservada lejos de humedades y cambios de temperatura. Por ello lo ideal es comprarla en panaderías, pues así podrás seleccionar aquella que convenga a tu preparación. Las panaderías tienen también una rotación de productos importante, lo cual es garantía de que venden productos frescos. La harina ha de comercializarse y conservarse en bolsas de papel, pues en plástico no "respiraría" y se formarían polillas y otros insectos.

Plato a plato

Nivel **1** **Caña hojaldrada de chocolate.** Elabora en casa un producto tradicional de pastelería. Si lo prefieres, puedes rellenarla con crema.

Nivel **2** **Empanadas de hojaldre rellenas de compota de manzana.** Prueba una receta un poco más compleja con unas deliciosas empanadillas dulces.

Nivel **3** **Banda de hojaldre *crumble kataifi* de fresas.** Una propuesta sofisticada gracias a la presencia de esta pasta griega. Enriquécela con nata o crema pastelera.

Nivel **1** Caña hojaldrada de chocolate

- 300 g de cobertura de chocolate (70% de cacao)
- 200 g de mantequilla
- 200 ml de nata líquida
- 1 rama de vainilla
- 1 lámina de hojaldre
- 1 huevo
- Azúcar
- Harina

30 min

10 min

3 €/persona

Esta receta no es apta para personas con intolerancia a la lactosa.

- Puedes preparar una masa de hojaldre de forma tradicional (véase en pág. 86) o adquirirla ya lista y ahorrarte ese tiempo.
- Derrite la cobertura de chocolate con la mantequilla en un cazo al baño María.
- Una vez derretida, mezcla bien la masa de chocolate con unas varillas de cocina y agrega la nata sin dejar de batir. Deberás obtener una crema lisa y homogénea.
- Retira del fuego y deja enfriar en la nevera, en un molde rectangular, hasta que la masa de trufa solidifique por completo.
- Estira el hojaldre sobre una mesa de trabajo ligeramente enharinada y corta 4 bandas de 6-8 cm de ancho.
- En uno de los extremos dispón un rectángulo de masa de trufa y enróllalo sobre sí mismo, formando un canelón.
- Aplástalo ligeramente y píntalo con yema de huevo.
- Espolvorea con una cucharadita de azúcar y hornea a 160 °C durante 25 minutos, hasta que el hojaldre se cueza y quede bien dorado.
- Saca del horno y deja enfriar antes de servir.

Trucos

☞ Pinta una superficie de mármol con chocolate fundido y deja que se enfríe. Luego rasca el chocolate con una espátula y obtendrás unas virutas con las que espolvorear las cañas una vez horneadas.

Nivel **2** Empanadas de hojaldre rellenas de compota de manzana

- 2 manzanas reineta
- 100 g de azúcar
- 1 huevo + 1 yema
- 1 rama de canela
- 2 cucharadas de nata líquida
- 1 lámina de hojaldre
- Harina

🍲 25 min

🍽 10 min

🐷 2 €/persona

✋ Esta receta no es apta para personas con intolerancia a la lactosa.

■ Elimina el corazón de las manzanas e introduce en el orificio media rama de canela y un poco de azúcar.

■ Disponlas en una bandeja de horno y hornéalas a 180 °C durante 30-35 minutos, hasta que las manzanas estén bien asadas.

■ Sácalas entonces del horno, pélalas y tritúralas junto con el caramelo que se habrá formado y un trocito de canela, hasta obtener una compota. Deja enfriar y reserva.

■ Estira la lámina de hojaldre sobre una mesa de trabajo enharinada y corta circunferencias de unos 15 cm de diámetro.

■ Dispón en el centro una cucharada de compota y dobla la oblea sobre sí misma, formando una empanadilla. Une bien los extremos pintándolos con huevo batido y procurando una leve presión con la ayuda de un tenedor. El hojaldre deberá estar bien sellado para que la compota no se escape durante el horneado.

■ Pinta las empanadas con nata líquida y yema de huevo mezcladas y hornea a 180 °C durante aproximadamente 20 minutos, hasta que las empanadas se cuezan y queden bien doradas. Saca del horno y deja enfriar antes de servir.

Trucos

☛ Procura pequeñas incisiones con un cuchillo de cocina sobre la superficie del hojaldre para que éste no crezca en exceso y provoque que las empanadas se abran.

Nivel **2** Empanadas de hojaldre rellenas de compota de manzana

→ ☞ Puedes rellenar las empanadas con los ingredientes que desees: fruta fresca, compota o queso y membrillo (en el caso de que no te gusten los postres excesivamente dulces).
☞ Espolvorea azúcar o semillas de amapola sobre las empanadas antes de hornearlas para obtener un resultado crujiente y sabroso.

Nivel **3** Banda de hojaldre
crumble kataifi de fresas

- 250 g de fresones
- 100 g de azúcar
- 1 lámina de hojaldre
- 1 paquete de pasta *kataifi*
- Reducción de vinagre balsámico
- Menta fresca
- Harina

🍲 25 min
🥘 10 min
💰 2 €/persona
✋ Sin contraindicaciones.

■ Estira la masa de hojaldre (véase receta en pág. 86) sobre una mesa enharinada y corta cuatro bandas de 5 x 10 cm.

■ Espolvorea el azúcar sobre el hojaldre y hornea a 200 °C durante 10-12 minutos, hasta que el hojaldre crezca, se cueza y quede bien dorado. Saca del horno y deja enfriar.

■ Lamina los fresones y reserva.

■ Calienta ligeramente un par de cucharadas de reducción de vinagre balsámico en un cazo a fuego lento.

■ Retírala cuando esté tibia y baña en ella las láminas de fresones.

■ Corta pequeñas porciones de pasta *kataifi* y hornéalas a 180 °C durante 6-8 minutos, hasta que veas que empiezan a dorarse.

■ Dispón los fresones sobre el hojaldre y cubre con la pasta *kataifi* y unas hojas de menta. Sirve al instante.

Trucos

👉 Como el hojaldre habrá crecido en el horno, puedes abrirlo y rellenarlo con nata montada o crema pastelera.

👉 Utiliza los frutos rojos de tu agrado.

👉 Si no encuentras la pasta *kataifi* (de venta en comercios de alimentación griega o repostería) prescinde de ella.

Con bizcocho

A la hora de los postres no tenemos por qué dejar de lado los bizcochos. Puedes servirlos con el café o en pequeñas raciones, para poner el punto final a la comida.

Para romper el hielo, atrévete con un clásico muy sencillo: el bizcocho de yogur. Basta con mezclar bien los ingredientes y cocer al horno.

Luego, prueba con el tiramisú; aunque requiere un poco más de tiempo, no tiene pérdida.

Y recuerda que el bizcocho se presta a ser aromatizado con licor. En el caso del tiramisú, usa amaretto. Y para preparar un delicioso savarín borracho te propongo un poco de ron blanco.

Otro aromatizante muy suave es la vainilla. Basta con que abras las vainas y raspes un poco de pulpa. Ten en cuenta que, con poca cantidad, obtendrás mucho aroma.

Con ella podrás dar un toque especial a unas dulces magdalenas...

... o a un cake borracho con fruta de la pasión.

Para acabar el capítulo voy a mostrarte cómo elaborar masa de sablé breton, que puedes enriquecer con fruta, o bien usar como base para otras tartas más sofisticadas.

Con huevo

El ingrediente

Los huevos son una excelente fuente de proteínas, de vitaminas de tipo A, B, D y E, así como de minerales como hierro, fósforo, sodio, potasio y cinc. Su escaso contenido en grasa hace del huevo uno de los alimentos fundamentales en dietas hipocalóricas. En la repostería son un ingrediente casi imprescindible, pues sirven de base para cremas, salsas, tartas y bizcochos, entre otros. Lo ideal es adquirir huevos muy frescos, de 60-65 g de peso, y emplearlos a temperatura ambiente.

La técnica

Puedes utilizar huevos para disolver harinas y azúcares, así como para elaborar cremas de todo tipo, tartas y bizcochos. Montaremos los huevos con unas varillas de cocina para agregar aire a su composición y obtener así una textura esponjosa con la que elaborar preparaciones como *mousses*, cremas, merengues, etc. El huevo se emplea igualmente para colorear o dorar hojaldres. Para ello se recomienda mezclar la yema, o incluso el huevo entero, con algún tipo de materia grasa, como mantequilla o nata líquida. La proporción ideal es de una parte de yema de huevo por tres de materia grasa.

Plato a plato

Nivel **1** **Bizcocho de yogur.** Un básico de los bizcochos, que puedes comer directamente o emplear como base para un pastel o tarta.

Nivel **2** **Tiramisú de café, cacao y gelatina de amaretto.** Dale un toque especial al tiramisú de siempre con una original gelatina de licor.

Nivel **3** *Savarin* **borracho con granizado de sandía y lima.** Un bizcocho aromatizado con licor que se sirve con un refrescante acompañamiento.

Nivel **1** Bizcocho de yogur

- 125 g de mantequilla
- 125 g de azúcar
- 125 g de harina tamizada
- 3 huevos
- 2 sobres de levadura química
- 1 yogur

🍲 45 min

🍮 20 min

🐷 1 €/persona

✋ Esta receta no es apta para personas con intolerancia a la lactosa.

- Con la ayuda de unas varillas de cocina bate la mantequilla pomada con el azúcar, hasta obtener una crema blanqueada.
- Agrega entonces los huevos, de uno en uno y sin dejar de batir.
- Una vez incorporados los huevos, añade el yogur, la harina y la levadura sin dejar de batir. Deberás obtener una crema lisa y homogénea, sin grumos.
- Dispón la mezcla en un molde y hornea a 180 ºC durante 40-45 minutos, hasta que el bizcocho se cueza por completo.
- Saca del horno, retira del molde y deja enfriar antes de servir.

Trucos

👉 Unta el molde con mantequilla y espolvorea con harina, así podrás desmoldarlo con mayor facilidad.

👉 Aromatiza el bizcocho con el licor de tu agrado.

2 Tiramisú de café, cacao y gelatina de amaretto

- 24 bizcochos de soletilla
- 8 yemas de huevo
- 500 g de mascarpone
- 500 ml de café exprés
- 500 ml de amaretto
- 3 hojas de gelatina
- Cacao en polvo

- 0 min
- 20 min
- 3 €/persona
- Esta receta no es apta para personas con intolerancia a la lactosa.

■ Monta las yemas de huevo hasta que doblen su volumen inicial.

■ Añade el queso mascarpone y mezcla hasta obtener una crema lisa y homogénea. Reserva.

■ Baña los bizcochos de soletilla con el café exprés y reserva.

■ Hidrata la gelatina en agua fría.

■ Calienta el amaretto en un cazo a fuego lento.

■ Una vez caliente, agrega las hojas de gelatina, mezcla bien y deja reposar en la nevera, hasta que la gelatina actúe y el líquido solidifique.

■ Dispón una capa de bizcochos en una copa o en un molde y espolvorea con una pizca de cacao en polvo. Sobre los bizcochos pon una capa de mascarpone; sobre ésta, otra capa de bizcochos, y así sucesivamente, hasta cubrir el molde o copa de presentación. Por último sirve la gelatina de amaretto ligeramente picada.

Trucos

☞ Añade gelatina a la crema de queso para estabilizarla y componer una tarta que podrás cortar posteriormente con un cuchillo de cocina. Si no quieres elaborar la gelatina, baña también los bizcochos con el amaretto.

3 *Savarin* borracho con granizado de sandía y lima

- 400 g de sandía
- 200 g de azúcar
- 50 ml de ron blanco
- 2 hojas de gelatina
- 1 lima

PARA EL *SAVARIN*
- 500 g de harina
- 100 g de mantequilla
- 50 g de azúcar
- 9 huevos
- 50 g de levadura prensada
- 75 ml de agua

🍲 20 min
🛎 30 min
🐷 3 €/persona
✋ Esta receta no es apta para personas con intolerancia a la lactosa.

- Mezcla 375 g de harina con la mantequilla pomada, el azúcar y 3 huevos. Amasa bien hasta obtener una pasta lisa, homogénea y elástica. Reserva.
- Mientras tanto disuelve la levadura en el agua y agrega el resto de la harina. Reserva.
- Mezcla ambas masas y agrega los huevos restantes poco a poco, trabajando la masa hasta que el huevo quede bien incorporado y obtengas una pasta lisa y homogénea.
- Introduce la masa en moldes de *savarin* y deja fermentar durante media hora a temperatura ambiente.
- Luego hornea a 180 °C durante aproximadamente 20 minutos, hasta que los bizcochos estén bien cocidos. Saca del horno, deja enfriar y reserva.
- Cuece en un cazo a fuego lento el azúcar con el ron y unas gotas de lima.
- Deja cocer unos 5 minutos y baña los *savarin* con esta solución. Reserva.
- Prepara un zumo con la sandía. Cuela y reserva.
- Hidrata las hojas de gelatina en agua fría y disuélvelas en un par de cucharadas de zumo de sandía.
- Mézclalo con el resto de zumo, sin dejar de batir. Dispón el zumo en una bandeja de horno y congela.
- En el momento de servir presenta los *savarin* borrachos y acompaña con el granizado de sandía, que obtendrás rascando la superficie con una cuchara.

Trucos
👉 Puedes sustituir el granizado por helado de vainilla.
👉 Baña el *savarin* en otro licor de tu agrado.

Con vainilla

El ingrediente

La vainilla es el fruto de una orquídea,
una vaina que se deja secar al sol hasta que
se potencian sus valores organolépticos y se obtiene la vaina que
conocemos en cocina. La recolección de la vainilla se realiza a
mano. Esto, sumado al lento proceso de cultivo y secado, hace de
estas vainas un producto de coste elevado pero alto rendimiento.
La diferencia entre las vainas de vainilla existentes vienen dadas
por su procedencia y método de cultivo y secado.

La técnica

Abriremos las vainas de vainilla de forma longitudinal, para
poder extraer la pulpa de la misma y aromatizar con ella nuestras

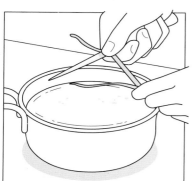

preparaciones. Ten en cuenta
que con una pequeña cantidad
de vainilla podemos aromatizar bastantes propuestas.
Además, si empleas la vainilla
en cremas puedes lavarla
luego para reutilizarla una o
dos veces más hasta extraer
todo su aroma.

Plato a plato

Nivel **1** **Magdalenas
clásicas.** Una receta
básica para elaborar unas
magdalenas que no fallan.
Deja que se enfríen antes de
consumirlas.

Nivel **2** *Cake* **borracho
de vainilla y fruta de
la pasión.** Un bizcocho
aromatizado ideal para una
merienda o la hora del café.

Nivel **3** *Sablé breton*
**con fresones, vainilla y
pimienta.** Una elaborada
propuesta con el toque
especial de la pimienta.

Nivel **1** Magdalenas clásicas

- 200 g de azúcar
- 200 g de harina
- 200 g de mantequilla
- 8 g de levadura química
- 4 huevos
- 1 rama de vainilla
- 1 limón

🍲 15 min
🍽 10 min
🐷 1 €/persona
✋ Esta receta no es apta para personas con intolerancia a la lactosa.

■ Mezcla los huevos con el azúcar, la harina, la levadura, la ralladura del limón y la pulpa de la vainilla. Deberás obtener una pasta lisa y homogénea.

■ Agrega entonces la mantequilla derretida y trabaja la masa hasta incorporarla por completo.

■ Introduce la pasta en moldes y hornea a 200 °C durante unos 15 minutos, hasta que las magdalenas estén bien cocidas y ligeramente doradas.

■ Retira del horno, deja enfriar y reserva hasta su consumo.

Trucos

👉 Pincha las magdalenas con un cuchillo de cocina para comprobar la cocción; el cuchillo deberá salir seco.

👉 Aromatízalas con unas gotas de agua de azahar o de licor de naranja.

Nivel **2** *Cake* borracho de vainilla y fruta de la pasión

- 150 g de harina
- 125 g de azúcar de lustre
- 100 g de mantequilla
- 100 g de harina de almendras tamizada
- 75 g de azúcar
- 8 g de levadura
- 4 huevos
- 2 hojas de gelatina
- 1 rama de vainilla
- 400 ml de zumo de fruta de la pasión

🗑 45 min

🍽 10 min

🍲 2 €/persona

✋ Esta receta no es apta para personas alérgicas a los frutos secos o con intolerancia a la lactosa.

- Mezcla la mantequilla con el azúcar de lustre y la pulpa de la vainilla y bate hasta obtener una crema blanquecina.
- Agrega entonces los huevos de uno en uno, hasta que éstos se incorporen por completo a la crema.
- Añade las harinas y la levadura. Trabaja bien la masa hasta obtener una pasta lisa y homogénea, sin grumos.
- Introduce la mezcla en un molde de *cake* previamente untado con mantequilla y harina y hornea a 180 ºC durante 45 minutos, hasta que el *cake* esté bien cocido. También puedes introducir la masa en flaneras individuales. En ese caso el tiempo de cocción dependerá de la profundidad del molde empleado. Comprueba la cocción pinchando el *cake* con una puntilla de cocina.
- Hidrata las hojas de gelatina.
- Calienta el zumo junto con el azúcar en un cazo a fuego lento.
- Agrega la gelatina y disuelve bien. Congela.
- Presenta el *cake* con el granizado de fruta de la pasión. Para obtenerlo, rasca el zumo congelado con una cuchara.

Trucos

👉 Baña el *cake* en un almíbar de ron y azúcar. Para elaborarlo, cuece 200 ml de ron con 50 g de azúcar hasta que éste se disuelva, y baña con esta solución los *cakes*.

Nivel **2** *Cake*
borracho de vainilla
y fruta de la pasión

→ ☞ Puedes emborrachar los
bizcochos con el licor de tu
gusto: coñac, licor de naranja,
de melocotón... Pero si utilizas
licores de alta graduación
deberás calentar y quemar con
azúcar el alcohol para suavizar su
sabor.
☞ Enriquece la preparación
añadiendo frutos secos.

Nivel **3** *Sablé breton* con fresones, vainilla y pimienta

- 350 g de harina tamizada
- 250 g de azúcar + 150 g para el almíbar
- 250 g de mantequilla
- 200 g de fresones
- 20 g de levadura
- 30 ml de agua o zumo de limón
- 8 yemas de huevo
- 1 rama de vainilla
- Pimienta rosa en grano

🍲 15 min
🥘 10 min
🍖 2 €/persona
✋ Esta receta no es apta para personas con intolerancia a la lactosa.

- Mezcla la mantequilla con el azúcar y la pulpa de la vainilla y bate hasta obtener una crema esponjosa y blanquecina.
- Agrega entonces los huevos de uno en uno, hasta que éstos se incorporen por completo a la masa.
- Añade la harina junto a la levadura. Mezcla bien amasando constantemente hasta obtener una crema lisa y homogénea.
- Forma bases de galleta o tartaletas sobre un papel de horno con una manga pastelera y hornea a 190 ºC durante 15 minutos, hasta que estén bien cocidas.
- Prepara un almíbar espeso con 150 g de azúcar y 30 ml de agua o zumo de limón. Reserva tibio.
- Lamina los fresones y disponlos en forma de corona sobre los *sablés*.
- Pinta con el almíbar y dispón una bolita de pimienta rosa triturada por ración.
-

Trucos

👉 Puedes reservar pasta para formar con ella pequeñas circunferencias y servirlas como dulce junto al café, para el desayuno, o emplearla como base para tartas y piezas de repostería más grandes.

Nivel **3** *Sablé breton*
con fresones, vainilla y
pimienta

➜ ☞ Aromatiza las galletas con
unas gotas de agua de rosas o
de agua de azahar. Agrega estos
aromas una vez añadido el huevo
a la preparación y mezcla bien.
☞ También puedes añadir
frutos secos picados ligeramente
o semillas de sésamo o amapola.

Vasitos y
petits fours

Para acabar, voy a sugerirte algunas ideas para elaborar postres individuales, de presentación elegante y sabor original. Hazte con vasitos pequeños, copas o platos de café y sírvelos en el centro de la mesa.

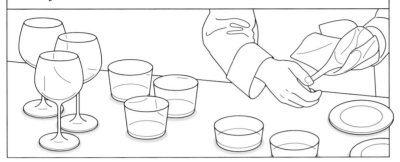

Para empezar, prepararemos vasitos con gelatina, un espesante natural que, en algunos casos, debemos hidratar en agua fría antes de utilizarlo.

Atrévete con el arroz con leche caramelizado, el gin-tonic *dulce* o la crema de fruta de la pasión.

Si quieres dar un toque más exótico a los postres, busca leche de coco. Ten en cuenta que es una leche muy aromática, por lo que no es necesario cocinarla en exceso.

Atrévete con el milk shake de coco o la piña colada.

Finalmente, te propongo tres minipostres con frutos secos: unos tradicionales panellets...

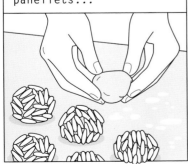

... unos originales profiteroles de almendra...

... y unos crujientes canutillos con frutos secos. ¡Irresistibles!

Con gelatina

El ingrediente

La gelatina es un espesante natural, insaboro e incoloro, que podemos encontrar en el mercado en diversos formatos: en polvo, en "colas de pescado" (llamadas así por su aspecto transparente y con la superficie a rombos, que recuerdan las escamas de un pescado), en algas (agar-agar), etc.

La técnica

Cada gelatina precisa de un método de manipulación preciso. Así por ejemplo debemos sumergir las colas de pescado en agua fría para hidratarlas y poder disolverlas posteriormente en un líquido caliente o tibio. El agar-agar, por su parte, se puede disolver directamente en un líquido caliente, igual que la gelatina en polvo. La cantidad de gelatina que debemos emplear dependerá del resultado deseado; calcularemos 6 hojas de gelatina por litro de líquido, pero podemos rebajar la cantidad de gelatina para obtener texturas menos sólidas.

Plato a plato

Nivel **1** **Arroz con leche caramelizado.** Un postre de cuchara con el toque especial del caramelo.

Nivel **2** *Gin-tonic* **dulce con manzana y menta.** Refresca a tus comensales al principio o al final de la velada con esta propuesta de nivel.

Nivel **3** **Crema de fruta de la pasión con sopa de rosas.** Una propuesta con mucho estilo para una noche romántica o una ocasión especial.

Nivel **1** Arroz con leche caramelizado

- 200 g de azúcar
- 50 g de arroz
- 500 ml de leche
- 150 ml de nata líquida
- 1 limón
- 1 rama de canela
- 2 hojas de gelatina
- Azúcar

🍲 20 min

🍮 10 min

💰 1 €/persona

✋ Esta receta no es apta para personas con intolerancia a la lactosa.

- Lava el arroz bajo el chorro de agua fría hasta que hayas retirado la mayor parte de almidón y esté transparente.
- Lleva la leche a ebullición junto a la piel del limón y la canela.
- Baja el fuego al mínimo y agrega el arroz.
- Deja cocer 10 minutos, agrega la nata líquida y cuece otro par de minutos. Retira del fuego y deja enfriar.
- Hidrata la gelatina en agua fría y agrégala al arroz todavía tibio, hasta que se disuelva en él. Deja enfriar, verás que el arroz espesa ligeramente.
- Dispón el arroz en vasos de presentación y déjalo en la nevera hasta que se enfríe por completo.
- En el momento de servir espolvorea con azúcar y quema con un soplete de cocina.

Trucos

👉 Si no tienes un soplete de cocina o un quemador de azúcar, puedes preparar un caramelo bien dorado y formar caramelitos sobre una hoja de silicona. Sirve estos caramelos sobre el arroz.

Nivel **2** *Gin-tonic* dulce con manzana y menta

- 1 botella de ginebra
- 1 tónica
- 1 manzana Granny Smith
- 125 g de azúcar

PARA LA GELATINA
- 200 g de azúcar
- 100 ml de agua
- 4 hojas de gelatina
- 1 ramita de menta

- 10 min
- 5 min
- 3 €/persona
- Sin contraindicaciones.

- Calienta la ginebra con el azúcar a fuego lento, en un cazo más alto que ancho y con muchísimo cuidado.
- Cuando esté bien caliente retira del fuego y prende el alcohol de la ginebra, teniendo la precaución de que no haya nada cerca que pueda quemarse. Espera a que la llama se apague sin mover el cazo. Deja enfriar y reserva en la nevera.
- Prepara una gelatina de menta. Empieza por hacer un almíbar disolviendo el azúcar en el agua. Lleva la mezcla al fuego hasta que el azúcar se disuelva y deja enfriar ligeramente.
- Tritura las hojas de menta con el almíbar obtenido y cuela.
- Hidrata la gelatina, añádela al almíbar y deja que solidifique.
- Cuando la ginebra esté bien fría, añade la tónica.
- Corta la manzana en cuadraditos.
- Sirve el *gin-tonic* en vasos de presentación y acompaña con la manzana y la gelatina de menta.

Trucos

 Agrega al *gin-tonic* dos hojas de gelatina previamente hidratadas y congélalo. En el momento de servir ráscalo con una cuchara para obtener un refrescante granizado.

 Puedes servirlo también con helado de lima o limón.

→

Nivel **2** *Gin-tonic*
dulce con manzana
y menta

➡ ☞ Siguiendo el mismo proceso
puedes elaborar tu propia
adaptación del mojito. Quema
el ron del mismo modo y sirve
en un vaso con el borde untado
en azúcar moreno. Finalmente
añade cubos de gelatina de
menta o menta fresca picada.
☞ Puedes "granizar" estas
adaptaciones y servir el
granizado dentro del cóctel
clásico.

Nivel **3** Crema de fruta de la pasión con sopa de rosas

- 200 g de fresas
- 50 g de azúcar
- 1 bandeja de frutos rojos
- Agua de rosas y rosas frescas

PARA LA CREMA
- 250 ml de puré de fruta de la pasión
- 30 g de azúcar
- 300 ml de nata líquida
- 4 yemas de huevo
- 1 hoja de gelatina
- 1 rama de vainilla
- 1 limón

🍲 10 min
🍮 10 min
💰 3 €/persona
✋ Esta receta no es apta para personas con intolerancia a la lactosa.

■ El puré de fruta de la pasión se vende preparado, pero si quieres hacerlo en casa, solamente tienes que triturar la pulpa de la fruta hasta obtener un puré, y colarlo para retirar los restos de las semillas.

■ Lleva el puré de fruta de la pasión a ebullición con el azúcar en un cazo a fuego lento.

■ Hidrata la gelatina en agua fría.

■ Cuando el puré arranque a hervir retira del fuego, añade la gelatina y reserva.

■ Mientras tanto, y en otro cazo, hierve a fuego lento la nata líquida con la vainilla y la piel de un limón.

■ Una vez hervida la nata, mézclala lentamente con las yemas de huevo y vuelve a llevar al fuego, esta vez evitando que la nata hierva de nuevo.

■ Mezcla la crema con el puré de fruta de la pasión y sirve en las copas de presentación. Reserva en la nevera.

■ Mientras la crema se estabiliza, dispón las fresas en un cazo con el azúcar y deja que suden su jugo a fuego lento durante unos 10 minutos. Cuela y deja enfriar el almíbar de fresas obtenido.

■ Sirve una capa de almíbar de fresas sobre la crema de fruta de la pasión, añade 3 gotas de agua de rosas, agrega los frutos rojos a voluntad y finalmente los pétalos de las flores.

Trucos
☞ Cuela las fresas sin triturar para recuperar su jugo. Puedes aprovechar la fresa restante en el colador para elaborar un batido o degustarlas mezcladas con un yogur.

Con leche de coco

El ingrediente

La leche de coco no es leche en realidad, pues a diferencia de ésta, no procede de ningún animal, sino de un fruto. Se trata del agua contenida en el interior del coco que, mezclada con una parte de la pulpa, adquiere un tono blanquecino, de ahí que llamemos leche a este dulce jugo.

La técnica

Podemos hallar diferentes calidades de leche de coco. Por lo general se comercializa en latas o *briks*, y en dichas conservas podemos hallar un producto con menos proporción de pulpa, es decir, agua de coco, o con una mayor proporción, ofreciéndonos así una pasta o crema de coco espesa. En la cocina no es recomendable cocinarla en exceso, puesto que en crudo ya ofrece todo su aroma. Ten en cuenta que durante el agitado transporte y los cambios de temperatura, el agua de coco puede separarse de la pulpa, por lo que resulta importante batirlos enérgicamente para volver a asociar sus partículas y obtener así la crema de coco que vamos a necesitar.

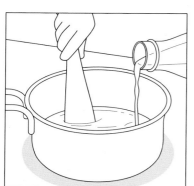

Plato a plato

Nivel **1** *Milkshake* **de coco y frutos rojos.** Un sencillo batido lácteo para recuperar energía o merendar saludablemente.

Nivel **2** **Piña colada con jazmín cristalizado.** Atrévete a dar un paso más y prueba a cristalizar flores; obtendrás un acompañamiento sofisticado y delicioso.

Nivel **3** *Muesli* **de coco, fresitas y lima.** Una mezcla de texturas y colores para un final de comida apoteósico.

Nivel **1** *Milkshake* de coco y frutos rojos

- ■ **4 yogures de coco**
- ■ **2 latas de leche de coco**
- ■ **2 bandejas de fresitas**
- ■ **1 bandeja de frambuesas**

🍲 0 min
🍽 5 min
💰 2 €/persona
✋ Esta receta no es apta para personas con intolerancia a la lactosa.

■ Lava los frutos rojos e introdúcelos en el vaso de la batidora.
■ Agrega el resto de los ingredientes y tritura hasta obtener un batido.
■ Conserva en la nevera hasta el momento de servir. Sirve muy frío en vasitos individuales.

Trucos

👉 Emplea los frutos rojos de tu agrado; también puedes utilizar otras frutas, como piña, mango, etc.

👉 Enriquece también tu batido con un chorrito de licor de fruta, ron, etc.

👉 Congela esta preparación y sírvela como un helado de coco. Al hacerlo no dejes de turbinar o triturar la preparación cada media hora a lo largo del proceso de congelación. De este modo la leche de coco no cristalizará y obtendrás un helado de textura cremosa.

2 Piña colada con jazmín cristalizado

- 1 piña
- ½ coco
- 1 lata de leche de coco
- 1 botella de ron
- 3 hojas de gelatina
- Helado de coco
- Azúcar

PARA EL JAZMÍN CRISTALIZADO
- Flores de jazmín comestibles
- 1 clara
- 1 hoja de gelatina
- Azúcar
- Agua

- 10 min
- 15 min
- 3 €/persona
- Esta receta no es apta para personas con intolerancia a la lactosa.

- Para cristalizar las hojas de jazmín prepara una mezcla con una clara de huevo y una cucharada de agua con una hoja de gelatina disuelta.
- Con la ayuda de un pincel pinta las flores pétalo a pétalo y rebózalas con azúcar.
- Deja secar al horno a temperatura mínima, hasta que las flores cristalicen.
- Calienta el ron junto con el azúcar en un cazo a fuego lento.
- Baña las hojas de gelatina en agua fría para hidratarlas.
- Una vez el ron esté caliente prende el alcohol y deja que la llama se apague por sí sola.
- Cuando la llama se apague incorpora la gelatina, disuelve por completo y conserva la solución en un recipiente en la nevera, hasta que solidifique.
- Trocea la piña en pequeños cuadraditos y conserva.
- En un vaso de presentación sirve unos cuadraditos de piña, y sobre éstos la gelatina de ron y el helado de coco. Acompaña el postre con flores de jazmín cristalizadas y frescas.
- En el momento de servir vierte una cucharadita de leche de coco sobre el postre.

Trucos

☞ Puedes adquirir las flores cristalizadas en tiendas especializadas de repostería.

☞ Si no puedes cristalizar jazmín utiliza jazmín fresco o acompaña con una cucharadita de confitura de jazmín.

Nivel **3** *Muesli* de coco, fresitas y lima

- 2 latas de leche de coco
- 50 g de almendras laminadas
- 50 g de cereales
- 25 g de harina de maíz
- 50 ml de leche
- 1 bandeja de fresitas
- 6 hojas de lima

- 10 min
- 5 min
- 3 €/persona
- Esta receta no es apta para personas alérgicas a los frutos secos o con intolerancia a la lactosa.

- Calienta en un cazo a fuego lento la leche de coco junto a las hojas de lima ligeramente troceadas.
- Mientras tanto disuelve la harina de maíz en la leche fría.
- Cuando la leche de coco arranque a hervir, agrega la leche con la harina sin dejar de remover con unas varillas de cocina y deja que se cueza hasta que la mezcla espese.
- Cuela, retira las hojas de lima y sirve en los vasos de presentación. Deja reposar hasta que la leche "cuaje" y se enfríe.
- Mezcla las almendras con los cereales y las fresitas y dispón un poco sobre la leche de coco espesada.

Trucos
- Si quieres prescindir de la leche de vaca disuelve la harina de maíz en leche de coco.
- Puedes aromatizar la leche con unas gotas de agua de azahar o agua de rosas.

Con almendras

El ingrediente

La almendra dulce tiene
propiedades nutritivas
y demulcentes,
pero su piel puede
provocar una leve
irritación intestinal,
por lo que lo ideal sería
pelarlas. No es un fruto
de fácil digestión, por lo
que debemos masticarlo o
triturarlo bien. Por otra parte, contienen un 20% de proteínas y
apenas presentan carbohidratos, por lo que resultan recomen-
dables en dietas para diabéticos.

La técnica

De las almendras trituradas obtenemos la harina de almendra o
almendra molida, un ingrediente muy empleado en repostería. La
harina de almendra se emplea en infinidad de recetas arraigadas
a nuestra tradición, como los *panellets*, los mazapanes, la tarta
de Santiago o el pastel vasco. La harina de almendras puede
mezclarse con harina de trigo o emplearla sola, amasándola hasta
obtener una pasta con la que
elaborar nuestros postres.

Plato a plato

Nivel **1** *Panellets.*
Estrénate con un dulce
tradicional de la fiesta
de Todos los Santos en
Cataluña.

Nivel **2** **Miniprofiteroles
de almendras con crema.**
Una sencilla receta con
resultados más que espec-
taculares. Cambia el relleno
a tu gusto.

Nivel **3** **Canutillos de
almendra crujientes.** Unos
petits fours como los de los
restaurantes. Asegúrate de
que se enfrían bien para que
estén bien crujientes.

Nivel **1** *Panellets*

- 500 g de azúcar
- 500 g de almendras molidas
- 75 ml de agua
- 1 huevo
- 1 limón
- Piñones

🍲 10 min
🛎 10 min
🐷 3 €/persona
✋ Esta receta no es apta para personas alérgicas a los frutos secos.

■ Trabaja, amasando, la harina de almendra junto al azúcar, la ralladura del limón y el agua, hasta obtener una pasta compacta. El azúcar se habrá disuelto en la masa, obteniendo así un mazapán.
■ Corta pequeñas porciones de masa de mazapán y forma bolas moldeando con las manos.
■ Rebózalas con los piñones y reserva.
■ Pinta la masa con huevo batido y hornea a 180 ºC hasta que los *panellets* empiecen a dorarse. Retira entonces del horno y deja enfriar.

Trucos
☞ Puedes rebozar los *panellets* con almendra troceada, semillas de amapola, coco rallado, etc.

Nivel **2** Miniprofiteroles de almendras con crema

- 250 g de mantequilla
- 250 g de harina tamizada
- 10 g de azúcar
- 5 g de sal
- 500 ml de leche
- 8 huevos
- Almendra triturada o laminada
- Crema pastelera (véase pág. 35)

🍶 10 min
🍲 20 min
🐷 1 €/persona
✋ Esta receta no es apta para personas alérgicas a los frutos secos ni con intolerancia a la lactosa.

■ Lleva la leche a ebullición con el azúcar, la sal y la mantequilla en un cazo a fuego lento.

■ Cuando la leche haya hervido retira del fuego y deja reposar un par de minutos.

■ Añade entonces la harina removiendo con unas varillas hasta obtener una masa lisa y homogénea, sin grumos.

■ Sin dejar de remover, añade los huevos, uno a uno y esperando a que se incorporen a la masa antes de incorporar el siguiente.

■ Introduce la pasta en una manga pastelera y dibuja pequeñas bolas o circunferencias en una bandeja de horno.

■ Espolvorea con almendra laminada o triturada.

■ Cuece los profiteroles a 200 ºC durante unos 15 minutos hasta que la masa se cueza y se dore.

■ Deja que se enfríen y rellénalos con crema pastelera.

Trucos

☞ Deja la puerta del horno ligeramente abierta para que se evapore la humedad y los profiteroles "crezcan" sin dificultad y adopten su característica textura.

☞ Los profiteroles estarán cocidos cuando podamos levantarlos de la bandeja sin que ofrezcan resistencia. Además, veremos que el interior se presenta hueco.

Nivel **3** Canutillos de almendra crujientes

- 200 g de almendras molidas
- 175 g de azúcar glas
- 50 g de almendras trituradas
- 40 g de mantequilla
- 30 g de harina tamizada
- 4 claras de huevo

🍲 10 min

🍽 2 h y 10 min

🐷 3 €/persona

✋ Esta receta no es apta para personas alérgicas a los frutos secos ni con intolerancia a la lactosa.

■ Mezcla las claras de huevo ligeramente batidas con el azúcar y la mantequilla pomada con la ayuda de una batidora eléctrica o unas varillas de cocina. Deberás obtener una crema blanquecina.

■ Añade entonces la harina sin dejar de remover y finalmente las almendras molidas. Mezcla todo bien hasta obtener una crema lisa y homogénea, sin grumos. Deja enfriar la masa durante un par de horas, mejor si es toda la noche.

■ Un poco antes de servir forma finas circunferencias con el dorso de una cuchara sobre un papel de horno o silicona. Espolvorea con almendra triturada y hornea a 180 °C durante 10 minutos.

■ Cuando las galletas estén doradas, saca del horno y forma unos canutillos con ellas. Deja enfriar para que queden bien crujientes.

Trucos

☞ También puedes mezclar la harina y las almendras trituradas para que presenten la misma temperatura antes de utilizarlas. Asegúrate de que están bien tamizadas.

Índices de recetas

ÍNDICE POR ORDEN DE APARICIÓN

ÍNDICE POR NIVEL DE DIFICULTAD

ÍNDICE POR INGREDIENTES